CHICKEN

VERFÜHRERISCH UND KNUSPRIG

BELLAVISTA

CHICKEN

VERFÜHRERISCH UND KNUSPRIG

BELLAVISTA

Die Originalausgabe erschien 1998 in Großbritannien
unter dem Titel **Chicken** in der Reihe **Kitchen Library**
bei Hamlyn/Octopus Publishing Group Limited
2–4 Heron Quays, London E 14 4JP

Bellavista Verlag, einem Imprint der
Verlag Karl Müller GmbH
Venloer Straße 1271, D-50829 Köln
www.karl-mueller-verlag.de

Printed in China

Übersetzung aus dem Englischen: Norbert Müller
Redaktion und Satz: Christine E. Gangl, Dr. Alex Klubertanz
Umschlaggestaltung: Dr. Alex Klubertanz
Umschlagfoto: Octopus Publishing Group Ltd.
Rezeptfotos: Octopus Publishing Group Ltd.

ISBN 3-89893-090-4

Inhalt

EINLEITUNG

Da Hähnchen schmackhaft, nahrhaft, leicht zu bekommen und schnell und einfach zuzubereiten ist, ist es wenig überraschend, dass es eine der beliebtesten Fleischsorten ist. Wegen seines zarten weißen Fleisches und seines feinen Geschmacks kann es in einer unendlichen Vielzahl an Geschmackskombinationen und Gerichten zubereitet werden – die einfach oder aufwändig sein können.

DER EINKAUF

Heutzutage nehmen Hähnchen und anderes Geflügel mehr Platz in den Regalen der Supermärkte ein als jede andere Fleischsorte. Am oberen Ende der Auswahl stehen biologisch gefütterte und frei laufende Hühner mit saftigem und geschmackvollem Fleisch. Sie sind aber auch teurer, da sie nicht in großer Anzahl und in Käfigen gezüchtet werden können. Hähnchen aus Massenzucht gibt es verschiedene. Erwähnenswert sind besonders die Maishähnchen, deren Fleisch eine leicht gelbliche Farbe vom Mais annimmt, mit dem sie gefüttert werden. Am billigsten sind tiefgefrorene ganze Hähnchen und Hähnchenteile, die man in den Kühlregalen der Supermärkte findet. Auch wenn tiefgefrorene Hähnchen nicht ganz den gleichen Geschmack haben wie frische, kann man trotzdem eine Vielzahl an schmackhaften Mahlzeiten damit zubereiten.

GANZE HÄHNCHEN

Ganze Hähnchen werden meist »ofenfertig« angeboten, d.h. sie sind gerupft, ausgenommen und dressiert. Ihre Größe reicht vom Stubenküken, das ca. 500 Gramm wiegt, über Brathähnchen mit ca. 1,25 Kilo bis zu Poularden mit ca. 2,75 Kilo. Richtig große Hähnchen, Kapaun genannt, mit einem großen Anteil an geschmacksintensivem Fleisch werden vor allem um die Weihnachtszeit von Metzgern und Geflügelhändlern angeboten. Sie sind eine gute Alternative zum Weihnachtstruthahn.
Bei der Wahl eines Hähnchens ist auf eine volle, weiße Brust zu achten, auf glatte, biegsame Keulen, einen biegsamen Brustkamm und feuchte, aber nicht nasse Haut, die frei von dunklen Flecken und Rissen sein muss.

HÄHNCHENTEILE

Zerteilte Hähnchen werden als Hähnchenviertel (mit Keule und Brustfleisch, die Knochen nicht ausgelöst), Hähnchenbrüste, Hähnchenschenkel und Hähnchenkeulen angeboten. Schenkel und Keulen sind billiger als Brüste und eignen sich ausgezeichnet zum Schmoren, Kochen und Grillen. Hähnchenbrüste, die das zarteste und geschmacklich feinste Fleisch haben, gibt es mit und ohne Haut und Knochen. Eine spezielle Angebotsform sind Brüste ohne Knochen, aber mit Flügel. Wie immer auch die Größe und Form der Hähnchenbrüste ist, sie eignen sich für schnelle Zubereitungsarten, wie das Braten in der Pfanne, Pochieren und Grillen unter dem Elektrogrill oder auf dem Holzkohlengrill.

INNEREIEN

Hähnchen werden im Supermarkt meist ohne die Innereien verkauft. Falls Sie sie mitverwenden wollen, z.B. für Brühe oder Sauce, gehen Sie am besten zu einem Geflügelhändler. Hühnerleber dagegen ist leicht zu bekommen, sowohl tiefgefroren als auch frisch. Sie ergibt ausgezeichnete Pasteten und Terrinen, und Gerichte wie Salat mit warmer Hühnerleber werden immer beliebter. Sie harmonieren in schnell zubereiteten Rezepten ausgezeichnet mit Alkohol.

DIE VORBEREITUNG

Rohes Hähnchenfleisch enthält einen geringen Anteil an Bakterien, besonders Salmonellen, die zu einer Lebensmittelvergiftung führen können. Bei sorgfältiger Aufbewahrung, richtiger Handhabung und gründlichem Garen besteht aber keine Gefahr. Frisches, rohes Geflügel sollte so schnell wie möglich in den Kühlschrank gelegt werden. Plastikverpackungen und Styroporschalen sollten entfernt, das Hähnchen auf einen Teller gelegt und mit Frischhaltefolie abgedeckt werden. Innereien sollten getrennt aufbewahrt werden. Kochen und verzehren Sie frisches Hähnchen innerhalb von 2 Tagen.

Tiefgefrorene Hähnchen müssen zu Hause sofort in den Gefrierschrank gelegt werden. Vor der Zubereitung müssen sie bei kühler Raumtemperatur vollständig aufgetaut sein. Falls Sie es in der Mikrowelle auftauen, befolgen Sie genau die Gebrauchsanleitung der Mikrowelle. Tauen Sie Hähnchen nicht im heißen Wasser auf, da das Fleisch dadurch zäh wird. Aufgetautes Hähnchen darf auf keinen Fall wieder eingefroren werden.

Wenn Sie rohes Hähnchen vorbereiten, achten Sie darauf, dass Hände, Arbeitsfläche und verwendete Utensilien sauber sind und reinigen Sie alles gründlich nach der Benutzung.

Das wichtigste Arbeitsgerät, das Sie für die Zubereitung des Hähn-

Küchenmesser, das sehr scharf und sauber sein muss. Außerdem sehr hilfreich sind ein kleines scharfes Messer zum Ausbeinen und eine Geflügelschere.

EIN HÄHNCHEN ZERTEILEN

Einige Rezepte in diesem Buch erfordern, dass ein ganzes Hähnchen zerteilt wird. Normalerweise wird ein Hähnchen in 8 Stücke zerlegt, bei größeren Exemplaren kann die Brust aber in jeweils 2 Teile geschnitten werden.

1 Das Hähnchen auf ein sauberes Schneidbrett legen. Eine Keule vom Körper wegziehen und kräftig drehen, um sie aus dem Gelenk zu lösen. Mit einem scharfen Messer am Gelenk durchtrennen. Große Keulen am Kniegelenk in Ober- und Unterschenkel teilen. Den Vorgang mit der zweiten Keule wiederholen.

2 Von der Unterseite der Brust zum Geflügelgelenk hin schneiden und den Flügel mit etwas Brustfleisch abtrennen. Die Flügelspitze abschneiden und entfernen. Den Vorgang mit dem zweiten Flügel wiederholen.

3 Die Brust auf beiden Seiten entlang des Brustbeins vom Knochengerüst ablösen.

4 Die Karkasse für die Brühe verwenden.

EIN KLEINES HÄHNCHEN VIERTELN

1 Das Hähnchen auf ein sauberes Schneidbrett legen und längs an

scharfen Messer oder einer Geflügelschere durchschneiden.

2 Die Hälften quer halbieren, um vier Teile zu erhalten.

EIN STUBENKÜKEN VORBEREITEN

Ein Stubenküken, auf diese Weise vorbereitet, sieht beeindruckend aus und hat eine kurze Garzeit, vor allem, wenn Sie es grillen wollen. Neben dem üblichen scharfen Messer benötigen Sie dafür jeweils zwei lange Spieße. Falls Sie hölzerne Spieße verwenden, müssen Sie sie 30 Minuten in Wasser einweichen.

1 Das Stubenküken mit der Brust nach unten auf ein Schneidbrett legen. Auf beiden Seiten entlang des Rückgrats schneiden (am besten mit einer Geflügelschere) und das Rückgrat entfernen.

2 Das Küken aufziehen, umdrehen und die Brust mit dem Handballen fest nach unten drücken, damit das Brustbein bricht und das Küken flach wird.

3 Die Flügelspitzen entfernen. Einen Schlitz zwischen Brustbein und Keule schneiden und die Unterschenkel durchstecken.

4 Damit das Stubenküken bei der Zubereitung die Form behält, die Spieße jeweils durch eine Keule und einen Flügel ziehen. Mit Küchenpapier trockentupfen.

DIE ZUBEREITUNG

Gründliches Garen ist von ent-

sches abzutöten. Die Kochzeiten der Rezepte in diesem Buch wurden genau überprüft, um vollständiges Garen zu gewährleisten. Hähnchen sind relativ fettarm, und das meiste Fett befindet sich in der Haut. Deshalb entfernen manche die Haut vor der Zubereitung. Aber die Haut hält das Fleisch feucht und saftig, besonders beim Braten und Grillen. Deshalb ist es vorzuziehen, das Hähnchen mit Haut zuzubereiten und sie vor dem Essen zu entfernen. Um festzustellen, ob ein ganzes Hähnchen gar ist, stechen Sie mit einem Spieß in die dickste Stelle der Keule. Ist der Fleischsaft, der austritt, klar, ist das Hähnchen durch, ist er noch rosa, braucht das Hähnchen noch etwas.

HÄHNCHEN BRATEN

Die einfachste Art, ein ganzes Hähnchen zuzubereiten, ist, es im Ofen zu braten. Dafür wird eine offene Bratreine verwendet. Es abzudecken würde bedeuten, es teilweise im Dampf zu garen – mit anderen Worten, es würde geschmort. Das Hähnchen wird auf der mittleren Schiene des Backofens zubereitet. Ein frisches Hähnchen von guter Qualität bedarf nur wenig Aufmerksamkeit vor dem Braten. Einfach mit Salz und Pfeffer würzen, mit ein paar Kräutern bestreuen, wie Estragon, Oregano oder Thymian, und, falls Sie es nicht mit Speck bardieren oder mit Alufolie abdecken, mit 2 bis 3 Esslöffeln Pflanzenöl beträufeln. Für einen besonders frischen Geschmack können Sie eine halbe Zitrone auf dem Hähnchen ausdrücken und die Schale in die Öffnung legen.

Da das Hähnchen auf dem Rücken gebraten wird, sollte das zarte Brustfleisch die meiste Zeit während des Bratens geschützt werden. Entweder man belegt es mit fettem Speck oder deckt es locker mit Alufolie ab, die man 15 Minuten vor Ende der Garzeit entfern, damit die Brust noch knusprig und braun werden kann. Alternativ können Sie das Hähnchen in regelmäßigen Abständen mit der Bratflüssigkeit übergießen, damit es feucht bleibt.

Bratzeit und -temperatur für ganze Hähnchen sind:

Bei Tieren bis zu 1,75 Kilo 20 Minuten für jeweils 500 Gramm, plus 20 Minuten zusätzlich, bei 190 °C (Gas Stufe 3, Umluft 170 °C).

Bei Tieren von 2 bis 3 Kilo 25 Minuten für jeweils 500 Gramm, plus 25 Minuten zusätzlich, bei 160 °C (Gas Stufe 2, Umluft 150 °C).

Beim Braten von gefüllten Hähnchen ist besondere Sorgfalt notwendig. Am besten ist es, bei größeren Hähnchen nur den Halsbereich der Öffnung zu füllen, da die Füllung die Bakterien der ungekochten Fleischsäfte aufnehmen könnte und verhindert, dass die Mitte des Tieres vollständig durchgebraten wird. Ein gefülltes Hähnchen, egal welcher Größe, wird am besten bei schwacher bis mittlerer Hitze gegart. Bei zu geringer Temperatur könnte es passieren, dass die Bakterien, die in die Füllung gelangt sind, nicht abgetötet werden, bei zu hoher Temperatur, dass das Tier zu kurz im Ofen bleibt, um die Füllung durchzugaren.

HÜHNERBRÜHE

Hühnerbrühe wird für Suppen, Eintöpfe und Aufläufe verwendet.

• 1 ganze Hühnerkarkasse • 1 TL Salz
1 Gemüsezwiebel, geschält und mit 4 Nelken gespickt • 2 Stangen Staudensellerie, gehackt • 2 Karotten, grob gehackt • 2 Stängel Petersilie
1 Kräutersträußchen • 1 Lorbeerblatt
8 schwarze Pfefferkörner

1 Die Karkasse in einen tiefen Topf geben, mit 3–4 Liter Wasser auffüllen und das Salz zugeben. Aufkochen, den Schaum mit einem Schaumlöffel abschöpfen, die Temperatur reduzieren, bis auf einen Spalt mit einem Deckel abdecken und bei schwacher Hitze 1 Stunde köcheln lassen.
2 Zwiebel, Sellerie, Karotte, Kräuterstrauß, Lorbeerblatt und Pfefferkörner hinzufügen. Umrühren, weitere 1 1/2 bis 2 Stunden kochen. Nötigenfalls Wasser zugeben.
3 Etwas abkühlen lassen. Die Karkasse entfernen und die Brühe durch ein feines Sieb in eine Schüssel gießen. Gemüse und Kräuter wegwerfen. Eventuell noch vorhandenes Fleisch von der Karkasse entfernen und in die Brühe geben.

4 Die Brühe abkühlen lassen und das Fett mit einem Löffel abschöpfen oder mit Küchenpapier aufsaugen. Zugedeckt in den Kühlschrank stellen und innerhalb von 3 Tagen verbrauchen. Die Brühe kann auch eingefroren werden und 3 Monate aufbewahrt werden.

DIE PRÄSENTATION

FRISCHE KRÄUTER

Kräuter, die zum Garnieren verwendet werden können, sind unter anderem Estragon, Minze, Petersilie, Basilikum, Oregano, Thymian und Koriandergrün. All diese Kräuter wachsen auch in Blumentöpfen, z. B. auf dem Fensterbrett. Kräuter vor der Verwendung immer waschen und auf Küchenpapier abtropfen lassen. Großblättrige Kräuter können knusprig frittiert werden (siehe Seite 31).

FRÜHLINGSZWIEBELN

Frühlingszwiebeln können auf vielerlei Weise geschnitten werden, um als Garnituren für verschiedenste Gerichte verwendet zu werden.

gut zu orientalischen Gerichten. Für Frühlingszwiebelquasten, die in chinesischen Restaurants sehr beliebt sind, putzt man die Frühlingszwiebel und schneidet das obere Ende 5 cm weit ein, um feine Wedel herzustellen. Sie werden in Eiswasser gelegt, damit sich die Quasten öffnen. Die Frühlingszwiebelfächer von Seite 52 sind eine Variante, bei der beide Enden eingeschnitten werden.

ROTE CHILISCHOTEN

Rote Chilischoten bilden eine farbenfrohe Garnitur für pikante Gerichte. Schneiden Sie sie in feine Ringe. Wenn die Chilis nicht so scharf sein sollen, schneiden Sie sie auf einer Seite auf und entfernen die Kerne. Um Chiliblumen zu erhalten, schneiden Sie die Schote von der Spitze her ein, wie bei den Frühlingszwiebeln beschrieben. Denken Sie daran, sich immer gründlich die Hände zu waschen, nachdem Sie mit Chilischoten gearbeitete haben, und nicht Gesicht und Augen zu

ZITRUSFRÜCHTE

Mit Orangen, Zitronen und Limetten kann man ausgezeichnete Garnituren gestalten. Dünne Scheiben und Achtel sind einfache, aber effektive Verzierungen mit Zitrusfrüchten. Sie können auch eine Scheibe bis zur Mitte einschneiden und die Ecken auseinander ziehen. Streifen der Schale, mit einem Gemüseschäler geschnitten, sehen ebenfalls gut aus. Eine attraktive Methode, eine halbe Zitrone zu verwenden, besteht darin, die Schale von der Schnittkante aus spiralförmig einzuschneiden und

SUPPEN, SNACKS UND SALATE

Der feine Geschmack von Hähnchen ermöglicht eine große Variationsbreite an Zubereitungsmöglichkeiten. Durch die Verwendung von schmackhaften Zutaten, die von exotischen indonesischen Gewürzen bis zu den gängigen Obst- und Gemüsesorten reichen, können Sie eine Vielzahl von köstlichen Gerichten kreieren – kräftige Suppen für den Winter, delikate Salate für den Sommer und lustvolle Snacks für zwischendurch.

HARIRA

Eine reichhaltige Suppe, bekömmlich und kräftig im Geschmack.

Zubereitungszeit: ca. 25 Minuten, plus Einweichzeit
Kochzeit: ca. 2 Stunden 45 Minuten

- 250 g Kichererbsen, über Nacht in kaltem Wasser eingeweicht
- 2 Hähnchenbrüste, halbiert
- 1,25 l Hühnerbrühe (siehe Seite 8)
- 1,25 l Wasser
- 2 Dosen gewürfelte Tomaten à 400 g
- 1/4 TL Safranfäden (optional)
- 2 Zwiebeln, gewürfelt
- 125 g weißer Langkornreis
- 50 g grüne Linsen
- 2 TL fein gehacktes Koriandergrün
- 2 TL fein gehackte Petersilie
- Salz, Pfeffer
- Koriandergrün zum Garnieren
- Naturjoghurt zum Servieren

1 Die Kichererbsen in ein Sieb gießen, unter fließend kaltem Wasser abspülen und abtropfen lassen. In einen Topf geben, mit Wasser aufgießen, so dass die Kichererbsen mit 5 cm Wasser bedeckt sind, und aufkochen. Die Temperatur reduzieren, den Topf abdecken, den Deckel dabei einen Spalt offen stehen lassen, und die Kichererbsen weich kochen. Zusätzliches Wasser angießen, falls notwendig.
Das Weichkochen kann bis zu 2 Stunden dauern. Die Kichererbsen abgießen und beiseite stellen.

2 Die Hähnchenbrüste mit Brühe und 1,25 Liter Wasser in einen zweiten Topf geben. Aufkochen, die Temperatur reduzieren, den Topf abdecken und 10 bis 15 Minuten kochen, bis die Hähnchenbrüste gerade gar sind. Das Hähnchenfleisch aus der Brühe nehmen und zerpflücken. Dabei Haut und Knochen entfernen. Das Fleisch beiseite stellen.

3 Kichererbsen, Tomaten, Safran (falls verwendet), Zwiebeln, Reis und Linsen in die Brühe geben. Zugedeckt 30 bis 35 Minuten kochen, bis Reis und Linsen weich sind.

4 Kurz vor dem Servieren Hähnchenfleisch, Koriandergrün und Petersilie hinzufügen. Die Suppe nochmals 5 Minuten erhitzen ohne sie kochen zu lassen. Mit Salz und Pfeffer würzen. Mit Koriandergrün garniert und mit Joghurt beträufelt servieren.

FÜR 8 BIS 10 PORTIONEN

GEFLÜGELCREMESUPPE

Zubereitungszeit: 15 Minuten
Kochzeit: 1 Stunde 15 Minuten

- 1 Hähnchenkarkasse
- 1 Zwiebel
- 1 Kräuterbündchen
- 1,25 l Hühnerbrühe (S. 8)
- 125 g gekochtes Hühnerfleisch
- 300 ml Milch
- 50 g Mehl
- 2 EL Wasser
- 1 EL Zitronensaft
- 1/4 TL geriebene Muskatnuss
- Salz, Pfeffer
- 150 ml Sahne

Zum Garnieren:

- Croûtons
- glattblättrige Petersilie
- geriebene Muskatnuss
- 1/2 Zitrone

1 Karkasse, Zwiebel und Kräuterbündchen ca. 1 Stunde in der Brühe kochen. Die Flüssigkeit durch ein Sieb gießen und zurück in den Topf schütten.

2 Das gekochte Hühnerfleisch in Würfel schneiden und mit der Milch in die Brühe geben. Das Mehl in 2 Esslöffeln Wasser auflösen und unter ständigem Rühren langsam der Brühe zufügen. Aufkochen, die Temperatur reduzieren und die Suppe 10 Minuten bei schwacher Hitze köcheln lassen. Mit Zitronensaft, Muskatnuss, Salz und Pfeffer würzen.

3 Die Suppe in Suppenschalen füllen, die Sahne darauf gießen und mit Croûtons, Petersilie und Muskatnuss garnieren. Mit der Zitrone als Dekoration servieren.

FÜR 6 PORTIONEN

VARIANTE

GEFLÜGEL-CHAMPIGNON-SUPPE

Vorbereitungszeit: ca. 15 Minuten
Zubereitungszeit: ca. 1 Stunde 15 Minuten

1 125 Gramm Champignons klein schneiden und in 25 Gramm Butter bei mittlerer Hitze braun braten.

2 Suppe nach Hauptrezept zubereiten. Die Pilze mit dem gewürfelten Hühnerfleisch zugeben.

FÜR 6 PORTIONEN

HÜHNERCREMESUPPE MIT MAIS

Zubereitungszeit: 15 Minuten
Kochzeit: ca. 30 Minuten

- 25 g Butter oder Margarine
- 1 große Zwiebel, gewürfelt
- 1 kleine rote Paprika, entstielt, entkernt und gewürfelt
- 625 g Kartoffeln, gewürfelt
- 25 g Mehl
- 750 ml Hühnerbrühe (S. 8)
- 175 g Mais
- 250 g gekochtes Hühnerfleisch, klein geschnitten
- 450 ml Milch
- 3 EL gehackte Petersilie
- Salz, Pfeffer
- rote Chilischoten, in Streifen geschnitten

1 Die Butter oder Margarine in einem großen Topf zerlassen. Zwiebel, rote Paprika und Kartoffeln hinzufügen und bei mittlerer Hitze 5 Minuten anbraten. Dabei von Zeit zu Zeit umrühren.

2 Mit dem Mehl bestäuben und bei schwacher Hitze 1 Minute mitbraten. Nach und nach die Brühe zugießen, unter Rühren aufkochen, die Temperatur reduzieren und zugedeckt 10 Minuten kochen.

3 Mais, Hühnerfleisch, Milch und Petersilie zugeben und mit Salz und Pfeffer würzen. Zugedeckt bei schwacher Hitze weitere 10 Minuten köcheln lassen, bis die Kartoffeln gerade weich sind. Nochmals mit Salz und Pfeffer abschmecken.

4 Die Suppe heiß in vorgewärmten Suppenschalen mit Chilischotenstreifen garniert servieren.

FÜR 4 BIS 6 PORTIONEN

GADO GADO MIT HÄHNCHENFLEISCH

Diese Version des indonesischen Salats verbindet Hähnchenfleisch mit einer bunten Gemüsemischung

Zubereitungszeit: 30 Minuten
Kochzeit: 1–2 Minuten

- 250 g Karotten, in streichholzdicke Streifen geschnitten
- 175 g Sellerie, in streichholzdicke Streifen geschnitten
- 175 g Lauch, in streichholzdicke Streifen geschnitten
- 125 g Zuckererbsen
- 1/2 Gurke, geschält und längs halbiert
- 175 g Sojasprossen
- Salz, Pfeffer
- 175 g Pak Choi
- 2 gekochte Hähnchenbrüste, gehäutet und zerpflückt
- 1 Rezept pikantes Erdnussdressing
- gehacktes Koriandergrün zum Garnieren (optional)

1 Einen Topf mit Wasser aufkochen, Karotten-, Sellerie- und Lauchstreifen zugeben und 1 bis 2 Minuten blanchieren. In ein Sieb gießen, mit kaltem Wasser abschrecken und gründlich abtropfen lassen. In eine große Schüssel geben.

2 Die Zuckererbsen diagonal halbieren. Die Kerne der Gurke mit einem Teelöffel herauskratzen und das Fruchtfleisch in Scheiben schneiden.

3 Zuckererbsen, Gurken und Sprossen in eine Schüssel geben. Mit Salz und Pfeffer würzen. Das Gemüse vorsichtig vermischen.

4 Die Pak-Choi-Blätter auf einer Salatplatte oder auf Tellern auslegen und das zerpflückte Hähnchenfleisch und das Gemüse darauf verteilen. Mit etwas Dressing begießen und nach Wunsch mit gehacktem Koriandergrün bestreuen.

FÜR 4 PORTIONEN

PIKANTES ERDNUSSDRESSING

Bereiten Sie dieses kräftige, pikante Dressing schon etwas früher zu, damit sich der Geschmack vor der Verwendung voll entfalten kann. Es ist perfekt für Gado Gado, passt aber auch ausgezeichnet zu gegrilltem Hähnchen.

Zubereitungszeit: 10 Minuten
Kochzeit: 2 Minuten

- 25 g Kokosmark
- 4 EL Milch
- 1/2 kleine Zwiebel, gewürfelt
- 1 Knoblauchzehe, zerdrückt
- 4 EL cremige Erdnussbutter
- 1 TL brauner Zucker
- 2 TL Sojasauce
- 1/2 TL gemahlener Kreuzkümmel
- 1/2 TL Chilipulver
- Salz, Pfeffer

1 Das Kokosmark hacken und mit der Milch in einen kleinen Topf geben. Langsam unter Rühren ca. 2 Minuten erhitzen, bis sich das Kokosmark auflöst und mit der Milch zu einer Paste verbindet.

2 Die Kokospaste in einen Mixer geben. Die restlichen Zutaten hinzufügen, mit Salz und Pfeffer würzen und zu einem sämigen Dressing pürieren. In ein Schälchen füllen und bis zur weiteren Verwendung zugedeckt beiseite stellen.

FÜR 4 PORTIONEN

NASI GORENG

Dieses indonesische Reisgericht kann sowohl mit Hähnchen als auch mit anderen Fleischsorten zubereitet werden: Ente oder Pute, Schweine- oder Rindfleisch, oder eine Mischung aus verschiedenen Fleischsorten.

Vorbereitungszeit: 15 Minuten
Zubereitungszeit: 30 Minuten

- 375 g Langkornreis
- Salz, Pfeffer
- 2 Eier
- 2 EL Öl
- 1 kleine Zwiebel, fein gewürfelt
- 2 Knoblauchzehen, grob gehackt
- 1 rote Chilischote, entkernt und grob gehackt
- 500 g Hähnchenbrust ohne Haut und Knochen, in dünne diagonale Streifen geschnitten
- 250 g gekochte und geschälte Shrimps
- ca. 2 EL Sojasauce
- Frühlingszwiebeln zum Garnieren
- Krabbenbrot

1 Den Reis unter fließend kaltem Wasser waschen, in einen großen Topf geben und mit kaltem Wasser bedecken. Mit 1 Teelöffel Salz aufkochen, gut umrühren, die Temperatur reduzieren und unbedeckt 20 Minuten garen, bis der Reis weich ist. Den Reis abgießen, unter fließend kaltem Wasser abschrecken und gründlich abtropfen lassen. Beiseite stellen.

2 Für das Omelett die Eier verquirlen und mit Salz und Pfeffer würzen. 1 1/2 Esslöffel Öl in einer kleinen Pfanne erhitzen, bis es sehr heiß aber noch nicht rauchend ist. Die Eier in die Pfanne gießen, die Ränder anheben und die noch flüssige Eimasse darunter laufen lassen. Garen, bis die Unterseite goldbraun und die Oberseite fest ist. Aus der Pfanne gleiten lassen und wie eine Zigarre aufrollen. Zum Abkühlen beiseite stellen.

3 Zwiebel, Knoblauch und Chilischote zu einer Paste zerdrücken und im restliche Öl in einem Wok oder einer großen, tiefen Pfanne in 1 bis 2 Minuten glasig dünsten. Das Hähnchenfleisch zugeben und 3 bis 4 Minuten anbraten, bis es auf allen Seiten Farbe angenommen hat. Shrimps und Sojasauce zufügen. Unter Rühren weiter braten, bis das Fleisch durch ist.

4 Den kalten Reis mit Hähnchen und Shrimps im Wok vermischen. Bei starker Hitze unter Wenden braten, bis der Reis richtig heiß ist. Mit Salz, Pfeffer und eventuell nochmals Sojasauce würzen.

5 Die Reismischung in eine Servierschale füllen und mit Frühlingszwiebeln und dem in Ringe geschnittenen Omelett garnieren. Dazu Krabbenbrot reichen.

FÜR 4 BIS 6 PORTIONEN

WARMER HÄHNCHEN-WALNUSS-SALAT

Zubereitungszeit: 30 Minuten
Kochzeit: 12 Minuten

- 125 g Zuckererbsen, halbiert
- ca. 250 g gemischt Salatblätter (z. B. Eichblatt, Batavia, Frisée, Radicchio)
- 1/2 rote Zwiebel, in dünne Ringe geschnitten
- 3 Hähnchenbrüste ohne Haut und Knochen
- 3 EL Olivenöl
- 3 EL Walnussöl
- 1 Knoblauchzehe, zerdrückt
- 2 EL Sherryessig
- 50 g Walnusskerne
- Schale von 1 Zitrone, in dünne Streifen geschnitten
- 1 TL brauner Zucker
- Salz, Pfeffer
- 1 Hand voll Petersilie zum Garnieren (optional)

1 Die Zuckererbsen in einem Topf mit kochendem Wasser 1 Minute blanchieren, abgießen, unter fließend kaltem Wasser abschrecken und abtropfen lassen.

2 Die Salatblätter in mundgerechte Stücke pflücken. Mit Zuckererbsen und Zwiebel auf dem Rand einer großen Salatplatte oder Tellern anrichten.

3 Die Hähnchenbrüste in dicke Scheiben schneiden und mit einem Nudelholz zwischen zwei Blättern Pergamentpapier oder Klarsichtfolie zu dünnen Medaillons ausrollen.

4 Das Olivenöl in einer großen Pfanne erhitzen. Die Hähnchenstücke portionsweise hineingeben und bei starker Hitze 2 Minuten unter einmaligem Wenden braten, bis sie leicht gebräunt und durchgebraten sind. Die Medaillons mit einer Fleischzange auf eine Platte legen und warm halten, bis alle Hähnchenstücke gebraten sind.

5 Wenn alle Hähnchenstücke zubereitet sind, das Walnussöl in die Pfanne geben. Die restlichen Zutaten hinzufügen und mit Salz und Pfeffer würzen. Unter Rühren erhitzen und die Hähnchenmedaillons wieder in die Pfanne geben. Im heißen Dressing wenden, bis sie von allen Seiten damit bedeckt sind.

6 Die heiße Hähnchenmischung in die Mitte des angerichteten Salats häufen. Sofort servieren, bei Bedarf mit Petersilieblättchen bestreuen.

FÜR 4 PORTIONEN

HÄHNCHENSALAT MIT ESTRAGON UND THYMIAN

Bei diesem köstlichen, einfachen Rezept für Hähnchensalat wird ein schmackhafter Kräutersenf verwendet. Wenn Sie keinen Estragon-Thymian-Senf finden können, rühren Sie den von Ihnen bevorzugten Senf mit etwas gehacktem frischem Estragon und Thymian an.

Zubereitungszeit: 20–30 Minuten

- 2 kg Hähnchen, gebraten
- 4 Stangen Staudensellerie in Scheiben
- 1 roter Apfel, entkernt und gewürfelt
- 1 grüne Paprika, entstielt, entkernt und gewürfelt
- 1/2 Salatkopf, in Blätter zerteilt
- 25 g Mandelsplitter, geröstet

ZUM GARNIEREN:

- Estragonblätter
- Sellerieblätter

DRESSING:

- 4 EL Mayonnaise
- 4 EL Sauerrahm
- 2 EL Estragon-Thymian-Senf
- Salz, Pfeffer

1 Die Haut vom gebratenen Hähnchen entfernen und das Fleisch in mundgerechte Stücke schneiden. Mit Sellerie, Apfel und grüner Paprika in eine Schüssel geben.

2 Für das Dressing Mayonnaise mit Sauerrahm und Senf verrühren und mit Salz und Pfeffer würzen. Unter die Salatmischung heben, bis alles gleichmäßig mit dem Dressing überzogen ist,

3 Teller mit den Salatblättern auslegen und die Hähnchenmischung darauf häufen. Mit den gerösteten Mandelsplittern bestreuen und mit Estragon- und Sellerieblättern garnieren. Leicht gekühlt servieren.

FÜR 4 BIS 6 PORTIONEN

VARIANTE

CURRYHÄHNCHENSALAT

Zubereitungszeit: 20–30 Minuten
Kochzeit: 8 Minuten

- 2 kg Hähnchen, gebraten
- 1/2 Salatkopf, in Blätter zerteilt
- 25 g Mandelsplitter, geröstet

DRESSING:

- 1 EL Öl
- 1 kleine Zwiebel, gewürfelt
- 1 EL mildes Currypulver
- 150 ml Hühnerbrühe (S. 8)
- 2 EL Zitronensaft
- 2 EL süßes Tomatenchutney
- 2 EL Sahne
- 300 ml Mayonnaise
- Salz, Pfeffer

1 Für das Dressing das Öl in einer Pfanne erhitzen und die Zwiebelwürfel darin glasig dünsten. Das Currypulver hinzufügen und 1 bis 2 Minuten mitbraten. Brühe, Zitronensaft und Chutney einrühren, mit Salz und Pfeffer würzen und aufkochen. 5 Minuten kochen und anschließend abkühlen lassen.

2 In der Zwischenzeit die Haut vom gebratenen Hähnchen entfernen und das Fleisch in mundgerechte Stücke schneiden.

3 Die Currymischung durch ein Sieb in eine Schüssel streichen. Sahne und Mayonnaise hinzufügen und verrühren. Die Hähnchenstücke unterheben.

4 Teller mit den Salatblättern auslegen und die Hähnchenmischung darauf häufen. Mit den gerösteten Mandelsplittern bestreuen.

FÜR 4 BIS 6 PORTIONEN

GERÄUCHERTER HÄHNCHENSALAT MIT BIRNEN

Zubereitungszeit: 20–30 Minuten

- 1/2 geräuchertes Hähnchen, enthäutet, gewürfelt
- 4 TL Sauerrahm
- gemischte Salatblätter
- 2 reife Birnen
- 1 Prise Paprika
- Schnittlauch, gehackt

DRESSING:
- 1 EL Apfel- oder Weißweinessig
- 4 EL Sonnenblumen- oder Rapsöl
- 1/2 TL Dijonsenf
- Salz, Pfeffer

1 Die Zutaten für das Dressing in einem Glas mit Schraubverschluss vermischen, kräftig schütteln und beiseite stellen.

2 Die Hähnchenstücke in eine Schüssel geben und den Sauerrahm unterheben.

3 Die Salatblätter auf einer großen Salatplatte oder Tellern anrichten. Die Birnen halbieren, vom Kerngehäuse befreien und in Scheiben schneiden. Dekorativ auf den Salatblättern platzieren und Salat und Tellerrand mit dem Dressing beträufeln. Das Hähnchenfleisch mit dem Sauerrahm darauf geben, mit Paprika bestäuben, mit Schnittlauch garnieren und sofort servieren.

FÜR 4 PORTIONEN

VARIANTE

HÄHNCHENSALAT MIT AVOCADO

Zubereitungszeit: 20–30 Minuten

Den Salat wie oben beschrieben zubereiten, aber die Birnen durch 2 reife Avocados ersetzen. Die Avocados schälen, halbieren, entsteinen, in Scheiben schneiden und in Zitronensaft wenden, damit sie nicht braun werden. Avocadoscheiben fächerförmig auslegen.

WARMER HÄHNCHENSALAT MIT ESTRAGON UND ORANGEN

Zubereitungszeit: 20 Minuten, plus Abkühlzeit
Kochzeit: 45 Minuten bis 1 Stunde

- 1,5 kg Hähnchen
- 1 Zwiebel, in dünne Ringe geschnitten
- Saft und geriebene Schale von 1 Orange
- 1 EL gehackter Estragon
- 1 Lorbeerblatt
- Salz, Pfeffer
- 1 EL Olivenöl
- 1 EL Weißweinessig

ZUM GARNIEREN:

- 1 kleine Orange, in dünne Scheiben geschnitten
- etwas Kresse, gehackt
- Estragonstängel (optional)

1 Hähnchen, Zwiebelringe, Orangensaft und -schale, Estragon und Lorbeerblatt in einen großen Topf geben. Mit ausreichend Wasser aufgießen, so dass das Hähnchen bedeckt ist, und mit Salz und Pfeffer würzen. Zugedeckt aufkochen und bei schwacher Hitze 45 Minuten bis 1 Stunde kochen, bis das Hähnchen gar ist.

2 Das Hähnchen aus dem Topf heben und abkühlen lassen. Zwiebelringe und Lorbeerblatt entfernen und die Hühnerbrühe auf 300 Milliliter einkochen. Abkühlen lassen und in den Kühlschrank stellen.

3 Wenn das Hähnchen abgekühlt ist, das Fleisch von den Knochen lösen und die Haut entfernen. Das Fleisch in mundgerechte Stücke schneiden und in eine Schüssel geben.

4 Wenn die Brühe durchgekühlt ist, die fest gewordene Fettschicht an der Oberfläche entfernen und die Brühe vorsichtig erwärmen, damit sie wieder flüssig wird. Das Öl einrühren, den Essig hinzufügen und mit Salz und Pfeffer abschmecken. Das Dressing über das Hähnchenfleisch gießen und gut vermischen.

5 Sofort mit Orangenscheiben, Kresse und Estragon garniert servieren. Der Salat kann auch auf einem Bett aus gemischten Salatblättern angerichtet werden.

FÜR 4 PORTIONEN

HÄHNCHEN-PAPRIKA-SALAT MIT PESTODRESSING

Zubereitungszeit: 20 Minuten
Kochzeit: 20 Minuten

- 1 kleines gekochtes Hähnchen
- je 1 rote und gelbe Paprika
- Salz, Pfeffer
- 75 g gemischte Salatblätter (z. B. Rucola, Frisée, junger Spinat)
- 50 g schwarze Oliven
- 1 Rezept Pestodressing
- Olivenöl, zum Beträufeln
- Basilikumblätter zum Garnieren

1 Das Hähnchen häuten, das Fleisch vom Knochengerüst entfernen, zerpflücken und beiseite stellen.

2 Die Paprika 15 bis 20 Minuten unter einen vorgeheizten Grill legen. Ab und zu wenden. Sobald die Haut der Paprika Blasen wirft und schwarz wird, die Paprika in eine Plastiktüte geben und abkühlen lassen.

3 Sobald die Paprika soweit abgekühlt sind, dass man sie anfassen kann, die Haut abreiben und entfernen. Das Fruchtfleisch in dünne Streifen scheiden, dabei Kerne und Stielansatz entfernen. Mit Salz und Pfeffer würzen.

4 Die Salatblätter auf einer großen Salatplatte oder Tellern anrichten. Paprikastreifen mit Oliven und Hähnchenfleisch darauf setzen. Das Pestodressing über die Hähnchenmischung gießen. Sofort mit Olivenöl beträufelt und mit Basilikumblättern garniert servieren.

FÜR 4 PORTIONEN

PESTODRESSING

Zubereitungszeit: 5 Minuten

- 25 g Basilikumblätter
- 25 g geriebener Parmesan
- 4 EL Weißweinessig
- 1 EL Pinienkerne
- 1 Knoblauchzehe, zerdrückt
- Pfeffer
- 125 g Olivenöl, extra vergine

1 Basilikumblätter, Parmesan, Weißweinessig, Pinienkerne und Knoblauch in einen Mixer geben. Mit Pfeffer würzen und einige Sekunden pürieren.

2 Während des Pürierens das Olivenöl tropfenweise zugeben, bis ein dickes, sämiges Dressing entsteht. In ein Glas füllen und bis zur weiteren Verwendung beiseite stellen.

3 Das Dressing kann auch mit Hilfe eines Mörsers hergestellt werden. Basilikum, Pinienkerne und Knoblauch zu einer dicken Paste zerreiben. Parmesan, Essig, Pfeffer und Öl zugeben und kräftig durchschlagen.

SCHNELL UND EINFACH

Hier finden Sie leckere Gerichte, die ausschauen und schmecken, als hätte ihre Zubereitung eher Stunden als Minuten in Anspruch genommen. Fein und doch prägnant im Geschmack, sind sie nicht nur schnell und einfach zubereitet, sie sehen auch appetitanregend aus.
Diese Auswahl an delikaten Gerichten bringt Ihnen eine Menge Geschmack für ein Minimum an Aufwand.

HÄHNCHENPILAW

Zubereitungszeit: 10 Minuten, plus Marinierzeit
Kochzeit: 40 Minuten

- 2 kg Hähnchen, portioniert
- 3 EL Nussöl
- 15 g Butter
- 1 Zwiebel, fein gewürfelt
- 2 Knoblauchzehen, zerdrückt
- 1 rote Paprika, entstielt, entkernt und gewürfelt
- 1 rote Chilischote, entkernt und fein gehackt
- 375 Langkornreis
- 2 Tomaten, gehäutet und gewürfelt
- 900 ml Hühnerbrühe (S. 8)
- einige Safranfäden (optional
- 1 Thymianzweig

ZUM WÜRZEN:

- 1 TL gemischte getrocknete Kräuter
- 2 Pimentbeeren (optional)
- 1 Knoblauchzehe, geschält
- Salz, Pfeffer

ZUM GARNIEREN:

- 50 g geröstete Erdnüsse
- gehackte rote Chilischote
- gehackter Thymian

1 Die Würzzutaten in einen Mörser geben und mit dem Stößel so lange zerreiben, bis Knoblauch und Piment (falls verwendet) sich mit Salz, Pfeffer und Kräutern verbunden haben. Die Hähnchenteile mit der Würzpaste einreiben und an einem kühlen Ort oder im Kühlschrank mehrere Stunden (eventuell über Nacht) marinieren.

2 Öl und Butter in einer großen, tiefen Pfanne erhitzen und die marinierten Hähnchenteile hineingeben. Bei mittlerer Hitze unter mehrmaligem Wenden braten, bis das Fleisch auf allen Seiten goldbraun ist. Aus der Pfanne nehmen und warm halten.

3 Zwiebel, Knoblauch, Paprika und Chilischote in die Pfanne geben und bei schwacher Hitze dünsten, bis sie weich aber nicht gebräunt sind. Den Reis hinzufügen und im Öl wenden, bis die Körner glasig werden. Tomaten, Hühnerbrühe, Safranfäden (falls verwendet) und Thymian einrühren.

4 Die Hähnchenstücke zurück in die Pfanne geben und zugedeckt bei schwacher Hitze 20 Minuten köcheln lassen, bis der Reis weich, die Flüssigkeit aufgesogen und das Hähnchen gar ist. Ab und zu den Kochvorgang überprüfen und den Reis umrühren. Falls notwendig, etwas Flüssigkeit nachgießen. Heiß mit Erdnüssen, Chilischote und gehacktem Thymian bestreut servieren.

FÜR 6 PORTIONEN

HÄHNCHENGUMBO MIT RÄUCHERSCHINKEN

Gumbo ist ein suppenartiger Eintopf aus Louisiana, der normalerweise mit Meeresfrüchten wie Shrimps, Krabben und Muscheln gekocht wird. In diesem Rezept werden Hähnchen und geräucherter Schinken verwendet, was genauso delikat schmeckt. Als Variante können Sie den Schinken durch 375 Gramm geschälte Shrimps oder 8 Jakobsmuscheln ersetzen, die Sie einige Minuten mitkochen.

Zubereitungszeit: 20 Minuten
Kochzeit: ca. 1 Stunde

- 5 EL Raps- oder Olivenöl
- 40 g Mehl
- 1 große Zwiebel, gewürfelt
- 1 rote Paprika, entstielt, entkernt und gewürfelt
- 2 Knoblauchzehen, gehackt
- 1,25 l Hühnerbrühe (S. 8)
- 1 Dose gewürfelte Tomaten à 400 g
- 2 EL gehackte Petersilie
- 1 EL gehackter Thymian
- 1/4 TL Cayennepfeffer
- Salz, Pfeffer
- 750 g gehäutete und entbeinte Hähnchenkeulen, in Stücke geschnitten
- 250 g Okra, in dünne Scheiben geschnitten
- 250 g geräucherter Schinken am Stück, gewürfelt
- frittierte Petersilie- und Thymianzweige (optional)

1 Das Öl in einem großen Schmortopf erhitzen, das Mehl hineinstreuen und gründlich verrühren, damit eine Mehlschwitze (Roux) entsteht. Bei schwacher Hitze unter ständigem Rühren ca. 2 Minuten rösten, bis sie eine nussbraune Farbe angenommen hat.

2 Zwiebel, Paprika und Knoblauch zugeben und unter Rühren 5 Minuten mitbraten, bis sie weich sind.

3 Nach und nach die Brühe einrühren, Tomaten und Kräuter zugeben und mit Cayennepfeffer, Salz und Pfeffer würzen. Unter Rühren aufkochen.

4 Die Temperatur reduzieren und Hähnchenfleisch und Okra hinzufügen. Den Topf zudecken und bei schwacher Hitze 40 Minuten kochen, bis das Fleisch gar ist. Den geräucherten Schinken die letzen 10 Minuten

5 Den Eintopf nochmals abschmecken und heiß eventuell mit frittierten Petersilie- und Thymianzweige garniert servieren.

FÜR 6 PORTIONEN

GEHACKTES HÄHNCHENFLEISCH MIT BASILIKUM

Zubereitungszeit: 6 Minuten
Kochzeit: 6 Minuten

- 5 kleine grüne Chilischoten
- 2 Knoblauchzehen
- 2 EL Öl
- 125 g gehacktes Hähnchenfleisch
- 1 Schalotte, gehackt
- 25 g Bambussprossen
- 25 g rote Paprika, entstielt, entkernt und gewürfelt
- 15 g Karotten, gewürfelt
- 1 TL Palmzucker
- 3 EL thailändische Fischsauce (nam pla) oder helle Sojasauce
- 3 EL Hühnerbrühe (siehe Seite 8)
- 15 g Basilikumblätter, fein gehackt
- 1 Rezept knusprig gebratener Knoblauch, Schalotten und Basilikum

1 Chilischoten und Knoblauch in einen Mörser geben und mit dem Stößel zerreiben.

2 Das Öl in einem Wok erhitzen und Chilischoten und Knoblauch darin 30 Sekunden anbraten. Die restlichen Zutaten hinzufügen und bei mittlerer Hitze unter Rühren 4 Minuten garen. Bei starker Hitze unter kräftigem Rühren 30 weitere Sekunden braten.

3 In eine Schüssel füllen, mit knusprig gebratenem Knoblauch, Schalotten und Basilikum garnieren und mit Reis servieren.

FÜR 2 PORTIONEN ALS HAUPTGANG ODER FÜR 4 PORTIONEN ALS VORSPEISE

GEBRATENER KNOBLAUCH, SCHALOTTEN UND BASILIKUM

Zubereitungszeit: 5 Minuten
Kochzeit: ca. 5–6 Minuten

- Nussöl zum Frittieren
- 25 g Knoblauch, fein gehackt
- 25 g Schalotten, fein gehackt
- 25 g Basilikumblätter
- 1 kleine rote Chilischote, fein geschnitten

1 Das Öl in einem Wok erhitzen und den Knoblauch darin 40 Sekunden unter Rühren frittieren.

2 Mit einer Schaumkelle herausschöpfen, möglichst viel Öl zurück in den Wok abtropfen lassen und den Knoblauch auf Küchenpapier ausbreiten.

3 Diesen Vorgang mit den Schalotten, 1 1/2 bis 2 Minuten Frittierzeit, wiederholen. Anschließend Basilikum und Chilischote 1 Minute frittieren. Mit der Schaumkelle abschöpfen und abtropfen lassen, wie zuvor beschrieben.

PFANNENGERÜHRTES PREISELBEERHÄHNCHEN MIT INGWER

Zubereitungszeit: 20 Minuten
Kochzeit: 10 Minuten

- 2 EL Pflanzenöl
- 2 Schalotten, fein gehackt
- 2,5 cm frische Ingwerwurzel, geschält und in feine Streifen geschnitten
- 2 Knoblauchzehen, zerdrückt
- 4 Hähnchenbrüste, ohne Haut und Knochen, in feine Streifen geschnitten
- 2 EL Hoisinsauce oder dunkle Sojasauce
- 2 EL Austernsauce (optional)
- 1 EL helle Sojasauce
- 25 g getrocknete Preiselbeeren
- 4 Frühlingszwiebeln, schräg in Ringe geschnitten
- 175 g Sojasprossen, Paprika- oder Karottenstreifen

Zum Garnieren:

- Pflanzenöl zum Frittieren
- 1 Hand voll Basilikumblätter
- 1 große rote Chilischote, entkernt und in Ringe geschnitten

1 Das Öl in einem Wok erhitzen und Schalotten, Ingwer und Knoblauch darin 30 Sekunden anbraten. Das Hähnchenfleisch zugeben und unter Rühren 2 Minuten mitbraten, bis es goldbraun ist.

2 Hoisin-, Austern-, Sojasauce und die Preiselbeeren einrühren und weitere 2 Minuten kochen. Überprüfen, ob das Hähnchenfleisch gar ist, Zwiebeln, Sojasprossen oder anderes Gemüse hinzufügen und 3 bis 4 Minuten dünsten.

3 Für die Garnitur 250 ml Öl in einem kleinen Topf erhitzen und Basilikumblätter und rote Chilischote nacheinander 10 bis 30 Sekunden frittieren. Mit einer Schaumkelle herausheben und auf Küchenpapier abtropfen lassen.

FÜR 4 PORTIONEN

PFANNENGERÜHRTES HÄHNCHEN MIT CASHEWKERNEN UND BABYMAIS

Zubereitungszeit: 10 Minuten
Kochzeit: 7 Minuten

- 3 EL Öl
- 125 g Hähnchen, gehäutet und in mundgerechte Stücke geschnitten
- 1/4 Zwiebel, in Ringe geschnitten
- 50 g Babymaiskolben, schräg in Scheiben geschnitten
- 50 g Cashewkerne
- 125 ml helle Sojasauce
- 4 EL Hühnerbrühe (siehe Seite 8)
- 4 EL Palmzucker
- 15 g Frühlingszwiebeln, schräg in Ringe geschnitten
- schwarzer Pfeffer
- 1 rote Chilischote, schräg in Ringe geschnitten, zum Garnieren

1 Das Öl in einem Wok erhitzen, Hähnchenfleisch, Zwiebel, Mais und Cashewkerne zugeben und bei starker Hitze 3 Minuten anbraten.

2 Die Temperatur reduzieren und die Sojasauce einrühren. Mit der Hühnerbrühe aufgießen, Zucker und Frühlingszwiebeln hinzufügen und mit Pfeffer würzen. Wieder erhitzen und weitere 2 Minuten unter Rühren garen.

3 In eine Servierschüssel oder zwei Schalen umfüllen, mit den Chiliringen bestreuen und servieren.

FÜR 2 PORTIONEN

HÄHNCHEN IM TEMPURATEIG MIT ANANAS

Zubereitungszeit: 10 Minuten
Kochzeit: 12–14 Minuten

- Öl zum Frittieren
- 50 g Tempuramehl
- 75 ml Wasser
- 125 g Hähnchen, gehäutet und in mundgerechte Stücke geschnitten
- 1 EL Öl
- 150 g frische Ananas, in Stücke geschnitten
- 1 Tomate, geachtelt
- 1 EL Tomatenmark
- 1 EL Palmzucker
- 50 g Cashewkerne
- 1 1/2 EL helle Sojasauce

ZUM GARNIEREN:

- Alfalfa- oder Sojasprossen
- Koriandergrün
- 1/2 Limette

1 Das Öl zum Frittieren im Wok oder einer großen Pfanne erhitzen. In der Zwischenzeit Mehl und Wasser zu einem Teig verarbeiten.

2 Wenn das Öl heiß genug ist, die Hälfte der Hähnchenstücke durch den Teig ziehen und goldbraun frittieren. Aus dem Öl heben und auf Küchenpapier abtropfen lassen. Den Vorgang mit den restlichen Hähnchenstücken wiederholen.

3 Das Öl abgießen, den Wok mit Küchenpapier ausreiben und 1 Esslöffel Öl erhitzen. Ananas, Tomate, Tomatenmark, Zucker und Cashewkerne zugeben und 2 Minuten anbraten. Die Sojasauce hinzufügen.

4 Die Hähnchenstücke im Backteig auf der Tomaten-Ananas-Mischung anrichten und mit Sprossen, Koriandergrün und Limette garnieren.

FÜR 4 PORTIONEN

Klassische Zutaten

Hähnchen ist so beliebt, weil es so viele Zutaten und Aromen gibt, die zu ihm passen. Traditionell wird es mit Kräutern gewürzt, mariniert oder mit Gemüse serviert – einfach und köstlich.

Meerrettich: Sein bissiger, scharfer Geschmack wird meist durch die Zugabe von Milch und Semmelbröseln gemildert.

Körniger Senf ist eine Mischung von gemahlenen und ungemahlenen Senfkörnern. Er wird als Würzzugabe gereicht oder in Saucen verwendet.

Pinienkerne sind die Samen der Steinpinie, die aus den Zwischenräumen der Schuppen der Zapfen geholt werden. Sie haben einen nussigen Geschmack, der gut zu Hähnchen passt.

Muskatnuss ist der Samen des Muskatbaumes. Sie wird gerieben und als Gewürz in süßen und pikanten Gerichten verwendet. Gut für Füllungen!

Maronenpüree wird aus gekochten Esskastanien gewonnen und ist sehr nahrhaft. Es schmeckt ausgezeichnet in Füllungen und Suppen.

Wacholderbeeren werden zum Kochen, aber auch für Wein und Schnäpse verwendet. Unverzichtbar für Marinaden für Geflügel und Wild.

Getrocknete Preiselbeeren schmecken süßer und intensiver als frische. Man kann sie für Füllungen und Saucen zum Hähnchen verwenden.

Ganze Nelken sind die getrockneten Blütenknos-

pen des Nelkenbaumes. Sie werden als Gewürz bei vielen Hähnchengerichten eingesetzt.
Kräutersträußchen (boquet garni) ist ein kleines Bündel aus getrockneten Kräutern, das zum Aromatisieren von Brühen und Saucen verwendet wird.

Fenchel hat einen anisähnlichen Geschmack. Er kann gebraten, gedünstet oder roh als Salat gegessen werden. Die Blätter geben eine attraktive Garnitur ab.
Salbei ist ein etwas bitteres Kraut, das in Suppen und mit hellem Fleisch verwendet wird. Eine Klassi-

Gelbe Zwiebeln (Gemüsezwiebeln) sind mild im Geschmack und werden oft für Suppen und Eintöpfe verwendet.
Selleriestangen, -blätter, -samen und -knollen sind alle essbar und werden für viele Gerichte verwendet.
Estragon bietet ein beson-

für Hähnchen. Er ist auch hübsch zum Garnieren.
Koriandersamen werden gemahlen und als Gewürz verwendet. Mit Koriandergrün wird gewürzt.
Rosmarin hat immergrüne Nadeln, die frisch und getrocknet zum Würzen

CHILIHÄHNCHEN MIT PINIENKERNEN

Zubereitungszeit: 30 Minuten
Kochzeit: 15 Minuten

- 4 Hähnchenbrüste ohne Knochen
- Salz, Pfeffer
- 4 EL Sonnenblumenöl
- 1 rote Paprika, entstielt, entkernt und in Streifen geschnitten
- 1 grüne Paprika, entstielt, entkernt und in Streifen geschnitten
- 1 rote Chilischote, entkernt und gehackt
- 50 g Pinienkerne
- 1 Knoblauchzehe, fein gehackt
- 4 EL trockener Weißwein
- 2 EL Zitronensaft
- 3 EL Austernsauce oder dunkle Sojasauce
- 2 EL Sandzucker
- 1 TL Chilisauce
- 1 EL Maisstärke
- 4 EL helle Sojasauce

ZUM GARNIEREN:

- 2 Frühlingszwiebeln, in Ringe geschnitten
- glattblättrige Petersilie
- 1/2 grüne Chilischote, entkernt und gehackt
- 1/2 Limette

1 Das Hähnchenfleisch in 1x5 cm große Streifen schneiden. Mit Salz und Pfeffer würzen. 2 Esslöffel Öl in einem Wok oder einer großen Pfanne erhitzen, das Hähnchenfleisch zugeben und unter Rühren 5 Minuten braten, bis es weich ist. Herausnehmen und beiseite stellen.

2 Das restliche Öl in Wok oder Pfanne erhitzen und die Paprikastreifen 2 Minuten anbraten, bis sie bissfest sind. Herausheben und beiseite stellen.

3 Chilischote, Pinienkerne und Knoblauch in die Pfanne geben und 1 Minute braten. Öl abgießen und Weißwein, Zitronensaft, Austernsauce, Zucker und Chilisauce zugeben. Unter häufigem Umrühren 1 Minute kochen.

4 Die Maisstärke mit der Sojasauce anrühren, in die Sauce geben und aufkochen. Hähnchen und Paprika wieder hineingeben und zugedeckt bei mittlerer Hitze erwärmen. Mit Frühlingszwiebeln, Petersilie und grüner Chilischote sowie Limette garniert servieren.

FÜR 4 PORTIONEN

GEBRATENES HÄHNCHEN MIT KNOBLAUCH, ZITRONE UND KRÄUTERN

Zubereitungszeit: 10 Minuten
Kochzeit: 35–40 Minuten

- 4 EL Olivenöl, extra vergine
- 3 Knoblauchzehen, gehackt
- 4 Portionen Hähnchenstücke
- Saft und fein geriebene Schale von 1 Zitrone
- 1 EL gehackte glattblättrige Petersilie
- 2 TL gehackter Estragon
- Salz, Pfeffer

Zum Garnieren:
- 1/2 Zitrone
- Estragonstängel
- glattblättrige Petersilie

1 Das Öl in einer großen Pfanne erhitzen und den Knoblauch darin anbraten, bis er Farbe annimmt, aber noch nicht gebräunt ist.

2 Die Hähnchenteile nebeneinander in die Pfanne legen, würzen und unter mehrmaligem Wenden 15 bis 20 Minuten braten, bis die Haut goldbraun ist.

3 Die Temperatur reduzieren, die Pfanne abdecken und das Fleisch weitere 15–20 Minuten schmoren, bis der Fleischsaft an der dicksten Stelle der Keulen beim Anstechen nicht mehr blutig ist.

4 Die Hähnchenteile aus der Pfanne auf eine vorgewärmte Platte heben. Zitronensaft und -schale in die Pfanne geben und den Bratansatz loskochen.

5 Die Pfanne vom Herd nehmen und Kräuter, Salz und Pfeffer zugeben. Gut umrühren und über die Hähnchenstücke gießen. Heiß mit Zitrone, Estragon und Petersilie garniert servieren. Ein knackiger Salat und Pommes frites eignen sich als Beilagen.

FÜR 4 PORTIONEN

HÄHNCHENBRUST MIT FRISCHKÄSE, KNOBLAUCH UND KRÄUTERN

Zubereitungszeit: 15 Minuten
Kochzeit: 20 Minuten
Ofentemperatur: 220 °C (Gas Stufe 4–5, Umluft 190 °C)

- 4 Hähnchenbrüste ohne Knochen
- 125 g Frischkäse
- 3 EL fein gehackte Kräuter (z. B. Estragon, Dill. Petersilie, Schnittlauch)
- 1–2 Knoblauchzehen, zerdrückt
- Salz, Pfeffer
- 15 g Butter

ZUM GARNIEREN:
- Olivenöl und gehackte Kräuter
- 1/2 Zitrone
- Rosmarinzweige

1 Mit den Fingern die Haut der Brüste vom Fleisch lösen, so dass eine Tasche entsteht.

2 Den Frischkäse in einer Schüssel mit Kräutern, Knoblauch, Salz und Pfeffer vermischen und gründlich durchrühren. Die Käsemischung gleichmäßig auf die Taschen der Hähnchenbrüste verteilen. Die Haut über dem Käse glatt streichen und fest andrücken.

3 Die Butter zerlassen und eine Auflaufform damit ausstreichen. Die Hähnchen hineinlegen und mit der restlichen Butter bepinseln. Salzen und pfeffern.

4 Im vorgeheizten Ofen 20 Minuten backen, bis das Fleisch beim Anstechen mit der Gabel weich ist.

5 Heiß, eventuell in schräge Scheiben geschnitten, mit Olivenöl beträufelt und mit Kräutern bestreut servieren. Mit Zitrone und Rosmarin garnieren. Als Beilage passt ein grüner Salat ausgezeichnet dazu.

FÜR 4 PORTIONEN

EINFACHES HÄHNCHEN KIEW

Zubereitungszeit: 20 Minuten, plus Gefrierzeit
Kochzeit: 30–40 Minuten
Ofentemperatur: 190 °C (Gas Stufe 3, Umluft 170 °C)

- 4 Hähnchenbrüste ohne Haut und Knochen
- 2 Knoblauchzehen, zerdrückt
- geriebene Schale von 1 Zitrone
- 125 g Butter
- 1 EL gehackte Petersilie
- Salz, Pfeffer
- 25 g Mehl
- 1 Ei, verquirlt
- 125 g Semmelbrösel

Zum Garnieren:

- 1/2 Zitrone
- glattblättrige Petersilie

1 Die Hähnchenbrüste behutsam flach klopfen. Knoblauch, Zitronenschale, Butter, Petersilie, Salz und Pfeffer vermischen und zu einer Paste verarbeiten. Die Buttermischung gleichmäßig auf das Fleisch streichen und die Hähnchenbrüste vorsichtig aufrollen. In Klarsichtfolie wickeln.

2 15 Minuten in das Gefrierfach legen, bis die Buttermischung fest geworden ist. Die Hähnchenrollen im Mehl wenden, durch das Ei ziehen und mit den Semmelbröseln panieren. Die Semmelbrösel fest andrücken. Weitere 15 Minuten in das Gefrierfach legen.

3 Das Hähnchen 30 bis 40 Minuten im vorgeheizten Ofen backen, bis die Panade goldbraun und das Fleisch innen ganz durch ist.

4 Mit Zitrone und Petersilie garniert servieren. Gekochtes Gemüse passt sehr gut als Beilage.

FÜR 4 PORTIONEN

HÄHNCHEN- UND GARNELENKEBABS

Zubereitungszeit: 15 Minuten, plus Marinierzeit
Kochzeit: ca. 20 Minuten

- 750 g Hähnchenbrust ohne Haut und Knochen, in 2,5 cm große Würfel geschnitten
- 20 gekochte Garnelenschwänze, aufgetaut falls tiefgefroren
- 1 kleine gelbe oder rote Paprika, entstielt, entkernt und in 2,5 cm große Würfel geschnitten
- 1 kleine grüne Paprika, entstielt, entkernt und in 2,5 cm große Würfel geschnitten
- 1 Rezept Kräutermarinade
- Kartoffelsalat als Beilage

Zum Garnieren
- Limettenviertel
- Majoransamen (optional)

1 Hähnchenfleisch, Garnelenschwänze und Paprikastücke abwechselnd auf eingeweichte Bambusspieße oder geölte Metallspieße stecken.

2 Die Spieße in einen tiefen Teller legen und die Marinade darüber gießen. Die Spieße in der Marinade wenden. Zugedeckt 2 Stunden an einem kühlen Ort ziehen lassen. Die Spieße dabei ab und zu umdrehen.

3 Die Kebabs aus der Marinade heben. Die Marinade aufbewahren. Die Spieße unter einem vorgeheizten Elektrogrill bei mittlerer Hitze oder auf einem Holzkohlengrill ca. 20 Minuten garen. Dabei ab und zu wenden und mit der Marinade bestreichen.

4 Mit Limettenvierteln und eventuell Majoransamen garniert servieren. Dazu Kartoffelsalat reichen.

FÜR 6 BIS 8 PORTIONEN

KRÄUTERMARINADE

Anstelle der im Rezept angegebenen Kräuter können Sie auch frischen Schnittlauch, Oregano, Rosmarin oder Salbei für diese Marinade verwenden.

Zubereitungszeit: 5 Minuten

- 4 EL Sonnenblumenöl
- 2 EL Zitronensaft
- 1 TL gehackter Majoran
- 1 TL gehackter Thymian
- 2 EL gehackte Petersilie
- 1 Knoblauchzehe, zerdrückt
- 1 Zwiebel, fein gewürfelt
- Salz, Pfeffer

Alle Zutaten in einer Schüssel vermischen und mit Salz und Pfeffer würzen oder in ein Glas mit Schraubverschluss geben und kräftig schütteln.

HÄHNCHEN- UND PAPRIKAKEBABS

Schneiden Sie Hähnchen, Zwiebel und Paprika in ungefähr gleich große Stücke. So sehen die Kebabs attraktiv aus und gleichmäßiges Garen ist gewährleistet.

Zubereitungszeit: 15 Minuten, plus Marinierzeit
Kochzeit: 20 Minuten

- 150 ml Naturjoghurt
- 2 EL Olivenöl, extra vergine
- 2 Knoblauchzehen, zerdrückt
- 2 EL gehacktes Koriandergrün
- 2 EL gemahlener Kümmel
- Salz, Pfeffer
- 8 Hähnchenkeulen ohne Haut und Knochen, in Stücke geschnitten
- 1 Zwiebel, in Stücke geschnitten
- 1 rote Paprika, entstielt, entkernt und in Stücke geschnitten
- 1 grüne Paprika, entstielt, entkernt und in Stücke geschnitten

ZUM GARNIEREN:

- gemischte Salatblätter
- Limettenviertel

1 Joghurt, Öl, Knoblauch, Koriandergrün und Kümmel in einem tiefen Teller vermischen und mit Salz und Pfeffer würzen. Die Hähnchenstücke hineingeben und darin wenden. Zugedeckt bei Zimmertemperatur 30 Minuten bis 1 Stunde marinieren.

2 Hähnchenfleisch, Zwiebel- und Paprikastücke abwechselnd auf eingeweichte Bambusspieße oder geölte Metallspieße stecken.

3 Die Spieße unter einem vorgeheizten Elektrogrill unter häufigem Wenden 20 Minuten garen, bis das Fleisch beim Anstechen mit der Gabel weich ist. Heiß auf einem Bett von gemischten Salatblättern servieren. Mit Limettenvierteln garnieren.

FÜR 4 PORTIONEN

HÜHNERLEBER PORTO

Zubereitungszeit: 10 Minuten
Kochzeit: 10 Minuten

- 25 g Butter
- 1 EL Öl
- 500 g Hühnerleber
- 3 Stangen Staudensellerie, in Scheiben geschnitten
- 4 EL Portwein
- 5 EL Sauerrahm
- Salz, Pfeffer
- Sellerieblätter zum Garnieren

1 Butter und Öl in einer großen Pfanne erhitzen, Hühnerleber und Sellerie zugeben und 3 bis 4 Minuten braten, bis die Leber außen braun, innen aber noch rosa ist. Aus der Pfanne nehmen und warm halten.

2 Den Portwein in die Pfanne gießen und einige Minuten einköcheln lassen. Den Sauerrahm hinzufügen und bei schwacher Hitze kochen, bis eine sämige Sauce entsteht. Mit Salz und Pfeffer würzen.

3 Die Leberstücke auf der Sauce anrichten und mit Sellerieblättern garnieren. Nudeln in Knoblauchbutter geschwenkt sind eine passende Beilage.

FÜR 4 PORTIONEN

VARIANTE

HÄHNCHEN PORTO

Zubereitungszeit: 10 Minuten
Kochzeit: 15 Minuten

- 25 g Butter
- 1 EL Öl
- 1 Zwiebel, in Ringe geschnitten
- 4 Hähnchenbrüste ohne Haut und Knochen
- 3 Stangen Staudensellerie, in Scheiben geschnitten
- 4 EL Portwein
- 5 EL Sauerrahm
- Salz, Pfeffer
- Sellerieblätter

1 Butter und Öl in einer großen Pfanne erhitzen, die Zwiebeln zugeben und in bei schwacher Hitze in 5 Minuten glasig dünsten.
2 Die Hähnchenbrust in 1x5 cm große Streifen schneiden. Fleisch und Sellerie in die Pfanne geben und 5 bis 7 Minuten braten, bis das Fleisch vollständig durchgebraten ist. Das Hähnchenfleisch aus der Pfanne nehmen und warm stellen.
3 Folgen Sie dem Hauptrezept ab Schritt 2, um das Gericht fertig zu stellen.

FÜR 4 PORTIONEN

INTER-NATIONALE GERICHTE

Von den mystischen Gewürzen des Fernen Ostens und dem Einfluss des Orients zu den unterschiedlichen kulinarischen Traditionen der Europäer, bringen diese Rezepte die Aromen aus aller Welt in Ihr Haus. Köstliche Kombinationen von Hähnchen mit Meerestieren, Kokosnuss, Früchten, Kräutern und Gewürzen erweitern das Geschmacksspektrum und geben Ihrer Kochkunst eine faszinierende neue Dimension.

FRÜHLINGSROLLEN MIT HÄHNCHEN-MANGO-FÜLLUNG UND SÜSSEM CHILIDIP

Zubereitungszeit: 20 Minuten, plus Abkühlzeit
Kochzeit: 30 Minuten

- 1 TL frisch geriebener Ingwer
- 4 EL dunkle Sojasauce
- 4 Hähnchenbrüste ohne Haut und Knochen
- 8 Frühlingsrollenblätter
- 1 feste Mango, geschält und in dünne Streifen geschnitten
- 1 Bund Koriander
- 1 TL Mehl, aufgelöst in 3 TL Wasser
- Pflanzenöl zum Frittieren

SÜSSER CHILIDIP:

- 1 EL Olivenöl
- 2 Schalotten, fein gehackt
- 2 Knoblauchzehen, zerdrückt
- 250 g gewürfelte Tomaten aus der Dose
- 3 EL süße Chilisauce
- 50 g Sandzucker
- 3 TL Weißweinessig
- 3 EL Wasser
- 1 rote Chilischote, entkernt und fein gehackt
- 1 Karotte, geschält und geraspelt

ZUM SERVIEREN:

- 2 EL Sonnenblumenöl
- 2 EL Limettensaft
- gemischte Salatblätter

1 Ingwer und Sojasauce verrühren. Die Hähnchenbrüste mit der Mischung einstreichen und im vorgeheizten Ofen bei 190 °C (Gas Stufe 3, Umluft 170 °C) 15 bis 20 Minuten backen. Wenn das Fleisch gar ist, abkühlen lassen und in möglichst feine Streifen schneiden.

2 Für den Chilidip das Öl in einer Pfanne erhitzen und Schalotten und Knoblauch darin in einigen Minuten weich dünsten, die Tomaten zugeben und die Flüssigkeit auf die Hälfte einkochen. Abkühlen lassen, durch ein Sieb streichen und die Chilisauce einrühren.

3 Zucker, Essig, Wasser und Chilischote in einem kleinen Topf bei schwacher Hitze erwärmen, bis sich der Zucker aufgelöst hat, und die Karottenraspeln zugeben. Abkühlen lassen und in die Tomatenmischung rühren.

4 Die Frühlingsrollenblätter auf einer sauberen Arbeitsfläche auslegen. Hähnchenfleisch, Mango und Koriander darauf gleichmäßig verteilen und dabei einen Rand von 2 1/2 cm frei lassen. Den Rand mit der Mehlpaste bestreichen, die Längsseiten einschlagen, ebenfalls mit der Paste einpinseln und das Blatt aufrollen, so dass die Füllung fest eingeschlossen ist. Auf diese Weise acht Frühlingsrollen herstellen.

5 Das Öl erhitzen und die Frühlingsrollen goldbraun frittieren. Auf Küchenpapier abtropfen lassen.

6 Zum Servieren Sonnenblumenöl und Limettensaft verrühren. Die Salatblätter in eine Schüssel geben, mit dem Limettenöl begießen und darin wenden. Zu den Frühlingsrollen und dem Chilidip reichen.

FÜR 4 PORTIONEN

MALAYSISCHER HÜHNERTOPF MIT NUDELN UND GARNELEN

Die Verbindung von Geflügel mit Meeresfrüchten ist im Fernen Osten sehr beliebt, und Sie werden feststellen, dass sie absolut köstlich ist.

Zubereitungszeit: 20 Minuten
Kochzeit: 30 Minuten

- 2 EL Öl
- 4–6 Frühlingszwiebeln, klein geschnitten
- 5 cm frische Ingwerwurzel, geschält und in feine Streifen geschnitten
- 2 Knoblauchzehen, zerdrückt
- 375 g Hähnchenbrust ohne Haut, schräg in dünne Streifen geschnitten
- 2 EL Reiswein oder trockener Sherry
- 2 EL Sojasauce
- 1 TL Kurkuma
- 1 TL Chilipulver
- Salz, Pfeffer
- 1,75 l Hühnerbrühe (siehe Seite 8)
- 2 EL thailändische Fischsauce (nam pla) oder helle Sojasauce
- 125 g Kokosmark, grob gehackt
- 2 Karotten, in Julienne geschnitten
- 250 g Prinzessbohnen, schräg in 5 cm lange Stücke geschnitten
- 125 g chinesische Eiernudeln
- 125 g Sojasprossen
- 8–12 rohe Garnelenschwänze mit Schale

1 Öl in einem Schmortopf erhitzen und Frühlingszwiebeln, Ingwer und Knoblauch darin 5 Minuten unter Rühren braten, bis sie weich, aber nicht braun sind.

2 Das Hähnchen zugeben und braten, bis es Farbe annimmt. Reiswein oder Sherry, Sojasauce, Kurkuma und Chilipulver einrühren, salzen und pfeffern.

3 Nach und nach mit der Hühnerbrühe und der Fischsauce aufgießen, dabei ständig umrühren, damit sich das Hähnchenfleisch mit den Aromaten vermischt. Die Kokospaste hinzufügen und unter ständigem Rühren 5 Minuten kochen, bis sich das Mark aufgelöst hat. Zugedeckt bei schwacher Hitze 10 Minuten kochen, bis das Fleisch gerade gar ist.

4 Karotten und Bohnen zugeben und zugedeckt weitere 5 Minuten köcheln lassen. Nudeln, Sojasprossen und Garnelenschwänze hinzufügen. Vom Herd nehmen und zugedeckt 5 Minuten stehen lassen, bis die Nudeln weich und die Garnelen rosafarben sind.

5 Die Garnelenschwänze aus dem Eintopf nehmen und die Schale mit den Fingern entfernen. Die Schwänze längs halbieren, zurück in den Topf geben und gut umrühren. Nochmals abschmecken und heiß in vorgewärmten Suppenschalen servieren.

FÜR 6 BIS 8 PORTIONEN

HÄHNCHENSATAY

Garam Masala ist leicht zu bekommen, aber wenn Sie Ihre eigene Mischung herstellen wollen, vermischen Sie 2 Teelöffel gemahlenen Koriander, 1 Teelöffel gemahlenen Kreuzkümmel, 1 Teelöffel Kurkuma, 1/4 Teelöffel Zimtpulver, 1/4 Teelöffel gemahlene Nelken und 1 Prise geriebene Muskatnuss. Übrig gebliebene Gewürzmischung können Sie in einem luftdichten Behälter aufbewahren und innerhalb einiger Wochen verbrauchen.

Zubereitungszeit: 30 Minuten, plus Marinierzeit
Kochzeit: 10 Minuten

- 500 g Hähnchenbrust ohne Haut und Knochen
- 1 kleine Zwiebel, gewürfelt
- 2 cm frische Ingwerwurzel, geschält und in Scheiben geschnitten
- 1 große Knoblauchzehe, in Scheiben geschnitten
- 1 EL Zitronensaft
- 2 TL Garam Masala
- Salz
- 1 TL Zucker
- 1 EL helle Sojasauce

Zum Garnieren:

- Limettenviertel
- Rucola (optional)

Sataysauce:

- 6 EL getrocknete Kokosnuss
- 250 ml kochendes Wasser
- 4 EL Erdnussbutter
- 1 EL Öl
- 2 große Knoblauchzehen, zerdrückt
- 1/4-1/2 TL Chilipulver
- 1 EL dunkle Sojasauce

1 Das Hähnchenfleisch in 1 cm große Würfel schneiden, in eine Schüssel geben und beiseite stellen.

2 Zwiebel, Ingwer und Knoblauch in einen Mixer geben. Den Zitronensaft hinzufügen und pürieren. Mit Garam Masala, Salz, Zucker und Sojasauce zum Hähnchenfleisch geben. Gut umrühren und zugedeckt 1 Stunde marinieren lassen. Ab und zu umrühren.

3 In der Zwischenzeit die Sataysauce zubereiten. Kokosnuss in eine Schüssel geben. Mit dem kochenden Wasser aufgießen und 30 Minuten einweichen. Die Flüssigkeit durch ein Sieb in eine zweite Schüssel gießen. Dabei die Kokosnuss ausdrücken, um möglichst viel Flüssigkeit (Kokosmilch) herauszupressen. Die Kokosnuss beseitigen. Die Erdnussbutter in die Kokosmilch einrühren und beiseite stellen.

4 Das Öl in einem kleinen Topf bei schwacher Hitze erwärmen. Den Knoblauch zufügen und dünsten, bis er weich, aber nicht gebräunt ist. Das Chilipulver hinzufügen und einige Sekunden mitgaren. Die Erdnussbuttermischung mit der Sojasauce einrühren und unter ständigem Rühren bei schwacher Hitze heiß und dickflüssig werden lassen. Warm halten.

5 Die Hähnchenfleischwürfel auf eingeweichte Bambusspieße oder geölte Metallspieße stecken. Auf jeder Seite unter einem vorgeheizten Grill 2 Minuten garen. Die heiße Sataysauce dekorativ auf Teller spritzen und die Spieße darauf mit Limettenvierteln und eventuell mit Rucola garniert servieren.

FÜR 4 PORTIONEN

CHINA-HÄHNCHEN MIT SCHWARZEN BOHNEN

Zubereitungszeit: 15 Minuten, plus Einweich- und Marinierzeit
Kochzeit: 1 Stunde 45 Minuten

- 2 EL gesalzene schwarze Bohnen
- 1 Brathähnchen à 1,5 kg
- 1 TL Pflanzenöl
- 1 TL dunkles Sesamöl
- 6 Frühlingszwiebeln, schräg in Ringe geschnitten
- 1-2 rote Chilischoten, entkernt und in Ringe geschnitten
- 3 EL trockener Sherry
- 1 TL Zucker
- 1 EL Maisstärke, in 3 EL Wasser aufgelöst

MARINADE:

- 25 g frischer Ingwer, geschält und grob gerieben
- 1-2 EL Sojasauce
- Pfeffer

ZUM GARNIEREN:

- Frühlingszwiebelfächer
- rote Paprikastreifen

1 Bohnen 20 Minuten in kaltem Wasser einweichen, gut abtropfen lassen und beiseite stellen.

2 Die Zutaten der Marinade vermischen, mit Pfeffer würzen und das Hähnchen innen und außen damit einreiben. Das Hähnchen in einen Bratschlauch geben, locker zubinden und auf die Fettpfanne des Backofens legen. 4 bis 6 Stunden ruhen lassen, anschließend einige Löcher in den Bratschlauch stechen, wie vom Hersteller beschrieben.

3 Im vorgeheizten Ofen bei 180 °C (Gas Stufe 2–3, Umluft 160 °C) 1 Stunde und 45 Minuten braten. Das Hähnchen aus dem Schlauch nehmen und auf die Fettpfanne setzen. Den Bratensaft dabei auffangen.
Die Ofentemperatur auf 200 °C (Gas Stufe 3–4, Umluft 180 °C) erhöhen und das Hähnchen weitere 25 bis 30 Minuten braten.

4 in der Zwischenzeit Pflanzen- und Sesamöl in einer Pfanne erhitzen, die Frühlingszwiebeln zugeben und bei starker Hitze 30 Sekunden anbraten. Chilischote und schwarze Bohnen zugeben und 2 Minuten mitgaren. Den Bratensaft aus dem Bratschlauch so gut wie möglich entfetten und die verbliebene Flüssigkeit mit Sherry und Zucker in die Pfanne geben. Die aufgelöste Maisstärke einrühren und kochen, bis die Sauce klar und sirupartig ist.

5 Das Hähnchen zerteilen und auf vorgewärmten Tellern anrichten. Die Sauce darüber gießen. Mit Frühlingszwiebelfächern und Paprikastreifen garnieren.

FÜR 4 PORTIONEN

GEBRATENES HÄHNCHEN NACH SZECHUANART

Zubereitungszeit: 10–15 Minuten, plus Einweichzeit
Kochzeit: 10–15 Minuten

- 4 Hähnchenbrüste ohne Haut und Knochen, in mundgerechte Streifen geschnitten
- 1 TL Salz
- 1 EL Maisstärke
- 250 g Bambussprossen, in große Würfel geschnitten
- 3 EL Hoisinsauce oder dunkle Sojasauce
- 4 EL gelbe Bohnensauce
- 1 TL helle Sojasauce
- 2 TL Weißweinessig
- 4 EL Öl
- 6 Knoblauchzehen, in Scheiben geschnitten
- 1/2 TL Szechuan- oder gemischte Pfefferkörner, zerdrückt
- 2 EL Sherry

ZUM GARNIEREN:

- Sesamsamen
- Koriandergrün
- 1/2 Limette

1 Die Hähnchenstreifen in eine Schüssel geben, mit dem Salz bestreuen und mit kaltem Wasser aufgießen, so dass das Fleisch bedeckt ist. 20 Minuten einweichen. Das Wasser abgießen, das Fleisch mit Küchenpapier trockentupfen und gründlich in der Maisstärke wenden.

2 Die Bambussprossen in einer zweiten Schüssel mit Hoisin-, Bohnen-, Sojasauce und Essig vermischen.

3 Einen Wok erhitzen. Das Öl zugeben und, sobald es heiß ist, Hähnchenfleisch, Knoblauch und Pfeffer darin 2 bis 3 Minuten anbraten. Die Bambussprossen zugeben, gut umrühren und eine weitere Minute garen. Den Sherry hinzufügen, umrühren und kochen, bis die Sauce eindickt. Auf eine vorgewärmte Servierplatte geben und sofort mit Sesamsamen, Koriandergrün und Limette garniert servieren.

FÜR 4 PORTIONEN

GRÜNES HÄHNCHENCURRY

Zubereitungszeit: 5–7 Minuten
Kochzeit: 13–15 Minuten

- 1 EL Öl
- 1 1/2 EL grüne Currypaste
- 4 EL Kokosmilch
- 125 g Hähnchenbrust, in mundgerechte Stücke geschnitten
- 2 Limettenblätter, zerpflückt, oder 2 Streifen Limettenschale
- 1 Stängel Zitronengras, schräg in feine Ringe geschnitten (optional)
- 50 g Bambussprossen
- 3 kleine grüne Auberginen oder 1 lila Aubergine, gewürfelt
- 50 g Zucchini, schräg in Scheiben geschnitten
- 1 rote Chilischote, schräg in Ringe geschnitten
- 6 EL Hühnerbrühe (siehe Seite 8)
- 1 EL Palmzucker
- 3 EL thailändische Fischsauce (nam pla) oder helle Sojasauce
- thailändisches Basilikum zum Garnieren

1 Das Öl in einem Wok erhitzen und die Currypaste einrühren. 30 Sekunden anrösten, mit der Kokosmilch aufgießen und unter Rühren 1 Minute kochen.

2 Das Hähnchenfleisch zugeben, bei schwacher Hitze aufkochen und die restlichen Zutaten zugeben. 10 Minuten köcheln lassen, dabei gelegentlich umrühren.

3 Das Curry in eine vorgewärmte Schüssel umfüllen, mit Basilikum garnieren und servieren.

FÜR 2 PORTIONEN

GRÜNE CURRYPASTE

Zubereitungszeit: 15 Minuten

- 7 kleine grüne Chilischoten
- 2 Knoblauchzehen, halbiert
- 1 Stängel Zitronengras, fein gehackt (optional)
- 1 Limettenblatt, zerpflückt (optional)
- 25 g Koriandergrün, Blätter und Stiele
- 1 cm frischer Ingwer, geschält und gehackt
- 1 TL Koriandersamen
- 1/2 TL schwarze Pfefferkörner
- 1/2 TL geriebene Limettenschale
- 1/4 TL Salz
- 1 EL Nussöl

1 Alle Zutaten in einen Mixer geben und zu einer dicken Paste pürieren.

2 Alternativ die Chilischoten in einem Mörser mit dem Stößel zerdrücken, danach den Knoblauch zugeben, einarbeiten, nach und nach alle Zutaten hinzufügen und zum Schluss das Öl mit einem Löffel unterheben.

3 Übrig gebliebene Currypaste in einen luftdichten Behälter füllen und im Kühlschrank bis zu 3 Wochen aufbewahren.

HÄHNCHEN JALFREZI

Zubereitungszeit: 10 Minuten
Kochzeit: 25 Minuten

- 6 EL geklärte Butter oder Ghee
- 1 TL weißer Kreuzkümmelsamen
- 1 TL schwarze Senfkörner
- 2–6 Knoblauchzehen, fein gehackt
- 5 cm frischer Ingwer, in feine Scheiben geschnitten
- 1 große Zwiebel, in feine Ringe geschnitten
- 750 g Hähnchenbrust ohne Haut und Knochen, in Würfel geschnitten
- 1 EL milde Currypaste
- 1/2 rote Paprika, entstielt, entkernt und in Würfel geschnitten
- 1/2 grüne Paprika, entstielt, entkernt und in Würfel geschnitten
- 2 Tomaten, gehäutet und gewürfelt
- 1 EL gehacktes Koriandergrün
- 1–2 EL Wasser
- Koriandergrün zum Garnieren

1 Butter oder Ghee in einem Wok oder einer großen Pfanne erhitzen und Kümmelsamen und Senfkörner darin unter ständigem Rühren 1 Minute anrösten. Knoblauch zugeben und 1 Minute mitbraten. Ingwer hinzufügen und weitere 2 Minuten braten. Zwiebelringe zugeben und 5 Minuten anbraten, bis sie goldgelb sind.

2 Die Hähnchenbrustwürfel in der Pfanne mit den angebratenen Gewürzen vermischen und unter Rühren weitere 5 Minuten braten.

3 Currypaste, Paprikawürfel, Tomaten, Koriandergrün und Wasser unterheben und ca. 10 Minuten unter Rühren garen. Sofort mit Reis als Beilage und mit Koriandergrün garniert servieren.

FÜR 4 PORTIONEN

MILDE CURRYPASTE

Zubereitungszeit: 5 Minuten
Kochzeit: 15 Minuten

- 125 g mildes Currypulver
- 125 ml Essig
- 125 ml Pflanzenöl

Das Currypulver mit Essig und so viel Wasser mischen, dass eine nicht zu flüssige Paste entsteht. Öl in einem Wok oder einer großen Pfanne erhitzen. Die Paste zugeben. Anfangs wird sie etwas spritzen, sich aber bald beruhigen. Ca. 15 Minuten unter Rühren kochen, bis eine cremige Paste entstanden ist. Beim Abkühlen wird sich das Öl an der Oberfläche absetzen. Das ist ein Zeichen dafür, dass die Paste vollständig durchgekocht ist. Die abgekühlte Paste in eine warme, sterilisierte Flasche füllen. Etwas Öl erhitzen und auf die Paste gießen, damit sich kein Schimmel bilden kann. Die Flasche fest verschließen. Wenn das Wasser vollständig verdampft ist, ist die Paste unbegrenzt haltbar.

GEGRILLTES KOKOSHÄHNCHEN

Zubereitungszeit: 6 Minuten, plus Marinierzeit
Kochzeit: 15 Minuten

- 2-3 Hähnchenbrüste ohne Knochen

MARINADE:

- 1 Dose Kokosmilch à 400 ml
- 4 Knoblauchzehen
- 4 kleine Chilischoten
- 2,5 cm frischer Ingwer, geschält und in Scheiben geschnitten
- Saft und geriebene Schale von 1 Limette
- 2 EL Palmzucker
- 3 EL helle Sojasauce
- 1 EL thailändische Fischsauce (nam pla) (optional)
- 25 g Koriandergrün, Blätter und Stiele

ZUM GARNIEREN:

- Frühlingszwiebelstreifen
- gewürfelte Chilischote

1 Für die Marinade alle Zutaten in einem Mixer pürieren. Die Hähnchenbrüste auf beiden Seiten drei Mal schräg einschneiden, auf einen Teller legen und mit der Marinade übergießen. Zugedeckt 2 Stunden im Kühlschrank ziehen lassen.

2 Den Grill vorheizen und die Hähnchenbrüste auf dem Grillblech auslegen. Darauf achten, dass das Fleisch dick mit Marinade eingerieben ist. Das Fleisch 15 Minuten grillen, bis es gut durchgebraten ist. Dabei ab und zu wenden. Die Hautseite braucht etwas länger als die Unterseite der Hähnchenbrüste.

3 In der Zwischenzeit die übrige Marinade als Sauce erhitzen. Falls sie zu dick ist, etwas Wasser zugeben.

4 Das fertige Hähnchenfleisch in Scheiben schneiden und auf einer vorgewärmten Platte anrichten. Die Hähnchenbrüste garniert mit Frühlingszwiebelstreifen und gewürfelter Chilischote servieren. Die Sauce getrennt dazu reichen.

FÜR 4 PORTIONEN

THAILÄNDISCHE CURRYHÄHNCHENSPIESSE

Zubereitungszeit: ca. 30 Minuten, plus Marinierzeit
Kochzeit: ca. 14 Minuten

- 750 g Hähnchenbrust oder -keulen ohne Haut und Knochen, in 2,5 cm große Würfel geschnitten
- 2 kleine Paprika, entstielt, entkernt und in 16 Stücke geschnitten

CURRYMARINADE:

- 2 EL rote thailändische Currypaste
- 1 EL gemahlener Koriander
- 2 EL gehacktes Koriandergrün
- 3 EL Nussöl
- 1 EL gemahlener Kreuzkümmel
- 2 EL brauner Zucker
- 1 Stängel Zitronengras, fein gehackt (optional)
- 4 EL Limettensaft

ZUM GARNIEREN:

- Limettenviertel
- Koriandergrün

1 Alle Zutaten für die Currymarinade in eine Glasschüssel geben und gut vermischen. Die Hähnchenfleischwürfel zugeben und gründlich in der Marinade wenden. Zugedeckt 2 Stunden im Kühlschrank marinieren.

2 Die marinierten Hähnchenfleischwürfel und Paprikastücke abwechselnd auf eingeweichte Bambusspieße oder geölte Metallspieße stecken. Die restliche Marinade aufheben.

3 Die Hähnchenspieße unter einem vorgeheizten Grill bei mittlerer Hitze 7 Minuten auf jeder Seite garen, dabei ab und zu mit der Marinade bestreichen.

4 Die Hähnchenspieße sofort mit Limettenvierteln und Koriandergrün garniert servieren.

FÜR 4 PORTIONEN

ROTE THAILÄNDISCHE CURRYPASTE

Zubereitungszeit: 15 Minuten
Kochzeit: 5 Minuten

- 1 EL gehacktes Koriandergrün
- 1 EL gemahlener Koriander
- 1/2 EL gemahlener Kreuzkümmel
- 1/2 TL Kurkuma
- 1/2 TL schwarze Pfefferkörner
- 1/2 TL Salz
- 1 TL Shrimpspaste (optional)
- 1 Stängel Zitronengras, fein gehackt (optional)
- 2 Knoblauchzehen, fein gehackt
- 5 große rote Chilischoten, entkernt und fein gehackt
- 2,5 cm frischer Galgant oder Ingwer, geschält und gehackt
- 1 1/2 EL Öl

1 Alle Zutaten bis auf das Öl in einen Mixer geben und zu einer dicken, sämigen Paste pürieren. Alternativ die Zutaten in einem großen Mörser zerstoßen.

2 Das Öl in einer Pfanne mit schwerem Boden erhitzen, die Currypaste zugeben und bei schwacher Hitze unter Rühren ca. 5 Minuten rösten, bis sie glasig wird.

3 Die Currypaste völlig auskühlen lassen und in einem luftdichten Behälter im Kühlschrank aufbewahren. Wie im Rezept beschrieben verwenden. Die Paste kann 2 bis 3 Wochen aufbewahrt werden.

GEGRILLTES HÄHNCHEN AUF KREOLISCHE ART

Zubereitungszeit: 10 Minuten, plus Marinierzeit
Kochzeit: 15–20 Minuten
Ofentemperatur: 200 °C (Gas Stufe 3–4, Umluft 180 °C)

- 6 Hähnchenbrüste ohne Haut und Knochen
- Salz, Pfeffer

Gewürzmischung:

- 2 Frühlingszwiebeln, fein gehackt
- 1/2 rote Zwiebel, fein gewürfelt
- 2 Knoblauchzehen, zerdrückt
- 1 rote Chilischote, entkernt und fein gehackt
- 3 Stängel Schnittlauch
- einige Zweige Thymian, gehackt
- einige Stängel Petersilie, gehackt
- 3 Pimentbeeren, zerdrückt (optional)
- 2 EL Limettensaft
- 2 EL Olivenöl

Avocadosauce:

- 1 große reife Avocado, halbiert, entsteint und geschält
- 1 EL fein gehackte Zwiebel
- 1/2 Knoblauchzehe, zerdrückt
- Cayennepfeffer
- Limettensaft (optional)

Zum Garnieren:

- rote Basilikumblätter (optional)
- Koriandergrün

1 Für die Gewürzmischung Frühlingszwiebeln, Zwiebel, Knoblauch, Chilischote, Kräuter und Piment, falls verwendet, in eine Schüssel geben. Limettensaft und Olivenöl unterheben und alles gut vermischen.

2 Die Hähnchenbrüste auf beiden Seiten 2 bis 3 Mal einschneiden und leicht mit Salz und Pfeffer würzen. Das Fleisch mit der Gewürzmischung einreiben. Zugedeckt im Kühlschrank 2 bis 3 Stunden ruhen lassen.

3 Die Hähnchenbrüste auf das Grillblech legen und unter dem vorgeheizten Grill unter einmaligem Wenden garen, bis beide Seiten durchgegart sind. Darauf achten, dass die Kräuter nicht schwarz werden. Alternativ 20 Minuten im vorgeheizten Ofen braten.

4 Inzwischen die Avocadosauce zubereiten. Die Avocado zu einer glatten Paste zerdrücken und Zwiebel, Knoblauch und etwas Cayennepfeffer einarbeiten. Eventuell etwas Limettensaft hinzufügen, so dass die Sauce nicht braun wird. Die Sauce dekorativ auf dem Teller verteilen, die Hähnchenbrüste darauf mit Koriandergrün garniert anrichten und mit Safranreis servieren.

FÜR 4 PORTIONEN

HÄHNCHEN CALYPSO

Zubereitungszeit: 10 Minuten
Kochzeit: 50 Minuten

- 5 EL Nussöl
- 1 Hähnchen à 2 kg, in Portionsstücke zerteilt
- 500 g Langkornreis
- 1 Zwiebel, fein gewürfelt
- 1 grüne Paprika, entstielt, entkernt und fein gehackt
- 600 ml Hühnerbrühe (siehe Seite 8)
- 1 Stück Limettenschale, 5 cm lang
- 1 EL Rum
- 1 Spritzer Angostura bitter
- 1/2 TL Safranfäden (optional)
- Salz, Pfeffer
- 125 g Champignons, blättrig geschnitten

1 3 Esslöffel Öl in einer großen, schweren Pfanne erhitzen, die Hähnchenteile zugeben und unter gelegentlichem Wenden braten, bis sie auf allen Seiten goldbraun sind. Das Fleisch aus der Pfanne nehmen und warm halten.

2 Reis, Zwiebel und Paprika in die Pfanne geben, gut umrühren und dünsten, bis der Reis glasig wird. Hühnerbrühe, Limettenschale, Rum, Angostura und eventuell Safranfäden zugeben.

3 Die Reis-Gemüse-Mischung in einen schweren Schmortopf umfüllen und die Hähnchenstücke darauf legen. Mit Salz und Pfeffer würzen.

4 Das restliche Öl in einer Pfanne erhitzen und die Champignons darin 5 Minuten dünsten. In den Schmortopf geben und alles zugedeckt bei schwacher Hitze ca. 30 Minuten garen, bis das Hähnchenfleisch durch und sämtliche Flüssigkeit aufgesogen ist. Die letzten 5 Minuten ohne Deckel kochen, damit der Reis locker und körnig wird. Heiß servieren.

FÜR 4 BIS 6 PORTIONEN

NUDELN MIT HÄHNCHENBRUST, SAHNE UND CHAMPIGNONS

Zubereitungszeit: 30 Minuten
Kochzeit: 30 Minuten

- 3 Hähnchenbrüste
- 1 kleine Zwiebel, geviertelt
- 1 Karotte, grob gewürfelt
- 1 Kräuterbündchen
- einige schwarze Pfefferkörner
- 300 ml Wasser
- 2 EL trockener Sherry (optional)
- 50 g Butter
- 250 g Champignons, blättrig geschnitten
- 2 Knoblauchzehen, zerdrückt
- 1 TL gehackter Rosmarin
- Salz, Pfeffer
- 1 EL Olivenöl, extra vergine
- 375 g Nudeln (z. B. Farfalle, Penne oder Fusilli)
- 1 1/2 EL Mehl
- 150 ml Crème double

ZUM GARNIEREN:
- Rosmarinzweige
- Zitronenviertel

1 Hähnchenfleisch mit Zwiebel, Karotte, Kräuterbündchen und Pfefferkörnern in einen Topf geben. Mit dem Wasser und eventuell Sherry aufgießen.

2 Aufkochen, die Hitze reduzieren und das Hähnchenfleisch zugedeckt ca. 20 Minuten pochieren, bis es sich weich anfühlt, wenn man es mit einer Gabel ansticht.

3 In der Zwischenzeit die Butter in einer Pfanne zerlassen, Champignons, Knoblauch und Rosmarin zugeben und mit Salz und Pfeffer würzen. Bei mittlerer Hitze unter häufigem Umrühren ca. 5 Minuten braten. Die Champignons aus der entstandenen Garflüssigkeit heben und in eine Schüssel geben.

4 Einen großen Topf mit Wasser aufkochen, das Öl einrühren und 1/2 Teelöffel Salz hinzufügen. Die Nudeln zugeben und offen bei mittlerer Hitze in 10 Minuten oder nach Packungsangabe al dente kochen.

5 In der Zwischenzeit das Hähnchenfleisch aus dem Sud heben und die Flüssigkeit durch ein Sieb in ein Glas gießen. Die Hähnchenbrüste von Haut und Knochen befreien und in Streifen schneiden.

6 Den Champignonsud wieder erhitzen, das Mehl einstreuen und unter Rühren 1 bis 2 Minuten kochen. Die Hähnchenbrühe nach und nach einrühren und jeweils kräftig unterschlagen.

7 Unter Rühren aufkochen. Die Temperatur reduzieren und Hähnchenfleisch, Champignons, Crème double, Salz und Pfeffer zugeben. Unter häufigem Umrühren 5 Minuten kochen, bis die Sauce dickflüssig wird.

8 Die Nudeln abgießen und in eine vorgewärmte Schüssel füllen. Die Sauce darüber gießen und mit den Nudeln vermischen. Mit Rosmarin und Zitrone garniert servieren.

FÜR 4 PORTIONEN

VARIANTE

NUDELN MIT HÄHNCHENBRUST, SAHNE UND ZUCCHINI

Zubereitungszeit: 30 Minuten
Kochzeit: 30 Minuten

Die Champignons durch 2 in Streifen geschnittene Zucchini ersetzen. Genau wie in obigem Rezept vorgehen.

HÄHNCHEN BASKISCHE ART

Zubereitungszeit: 20 Minuten
Kochzeit: 1 Stunde

- 175 g geräucherter Schinken oder Bauchspeck, gewürfelt
- 4 EL Olivenöl
- 4 große Hähnchenstücke
- 4 Zwiebeln, in Ringe geschnitten
- 3 Knoblauchzehen
- 2 grüne Paprika
- 1/2 TL Majoran
- 400 g Tomaten, frisch oder aus der Dose
- 150-300 ml Hühnerbrühe (siehe Seite 8)
- Salz, Pfeffer
- 2 EL gehackte Petersilie

1 Schinken oder Speck im Öl knusprig braun braten und mit einem Schaumlöffel aus der Pfanne heben. Die Hähnchenstücke hineingeben und auf allen Seiten braun braten. Das Fleisch herausnehmen, Zwiebeln, zerdrückten Knoblauch, gewürfelte Paprika und Majoran zugeben und zugedeckt 10 Minuten dünsten.

2 Tomaten und Brühe (300 ml bei frischen Tomaten, 150 ml bei Dosentomaten) einrühren und mit Salz und Pfeffer würzen. Hähnchenfleisch und Schinken zurück in die Pfanne geben und zugedeckt 40 bis 45 Minuten garen, bis das Fleisch weich gekocht ist.

3 Das Hähnchenfleisch auf eine Servierplatte legen. Die Sauce etwas einkochen, über das Hähnchen gießen und mit Petersilie bestreuen.

FÜR 4 PORTIONEN

VARIANTE

PAPRIKAHÄHNCHEN

Zubereitungszeit: 20 Minuten
Kochzeit: 1 Stunde

1 Ersetzen Sie die grüne Paprika durch 1 rote Paprika und folgen Sie Punkt 1 und 2 des Hauptrezepts. Zusätzlich 1 Esslöffel Paprikapulver mit Hähnchenfleisch und Schinken in die Pfanne geben.

2 Hähnchenfleisch auf eine Servierplatte legen. Die Sauce etwas einkochen, 150 Milliliter Sauerrahm einrühren und vorsichtig unter Rühren erwärmen. Sauce über das Hähnchen gießen, mit Petersilie bestreuen.

FÜR 4 PORTIONEN

HÄHNCHENBRUST IM BLÄTTERTEIG

Zubereitungszeit: 30 Minuten
Kochzeit: ca. 40 Minuten
Ofentemperatur: 200 °C (Gas Stufe 3–4, Umluft 180 °C)

- 2 EL Olivenöl, extra vergine
- 125 g Egerlinge, fein geschnitten
- 2 Knoblauchzehen, zerdrückt
- 2 TL gehackter Thymian
- Salz, Pfeffer
- 6 große Hähnchenbrüste ohne Haut und Knochen
- 125 g Leberpastete
- 2 EL Sherry oder Weinbrand
- 425 g Blätterteig
- verquirltes Ei zum Bestreichen

ZUM GARNIEREN:

- gebratene Pilzscheiben
- Thymianzweige

1 Das Öl in einem kleinen Topf erhitzen und die Egerlinge darin bei mittlerer Hitze unter Rühren ca. 5 Minuten anbraten, bis sie Flüssigkeit abgeben.

2 Die Temperatur erhöhen und unter Rühren weiter garen, bis die Flüssigkeit vollständig verdampft ist. Knoblauch, Thymian, Salz und Pfeffer zugeben und weitere 5 Minuten kochen. Abkühlen lassen.

3 Die Hähnchenbrüste an der dicksten Stelle horizontal ein-, aber nicht durchschneiden.

4 Die Leberpaste in einer Schüssel mit Sherry oder Weinbrand verrühren und die Pilzmasse gründlich unterheben. Die Leberpastete gleichmäßig verteilt in die Taschen der Hähnchenbrüste streichen und an den Rändern fest andrücken.

5 Den Blätterteig auf einer bemehlten Arbeitsfläche ausrollen und in 6 Quadrate schneiden, die groß genug für die Brüste sind. Die Ränder mit Wasser bepinseln.

6 Jeweils 1 Hähnchenbrust auf 1 Blätterteigquadrat legen und das Fleisch einschlagen. Die Ränder nochmals mit Wasser bestreichen und fest verschließen.

7 Die Hähnchenpäckchen mit der Nahtseite nach unten auf befeuchtetes Backpapier legen. Aus den Teigresten dekorative Formen ausrollen. Die Päckchen mit Ei bestreichen, mit den Teigresten verzieren und diese ebenfalls mit Ei bepinseln.

8 30 Minuten im vorgeheizten Ofen backen, bis der Blätterteig goldgelb gebacken ist. Heiß mit gebratenen Pilzscheiben und Thymian garniert servieren. Ein Gemüsegericht wie Ratatouille eignet sich sehr gut als Beilage, ebenso neue Kartoffeln.

FÜR 4 PORTIONEN

HÄHNCHENBRUST MIT SPINAT UND RICOTTA

Zubereitungszeit: 5 Minuten
Kochzeit: 25 Minuten
Ofentemperatur: 200 °C (Gas Stufe 3–4, Umluft 180 °C)

- 4 Hähnchenbrüste ohne Haut und Knochen
- 125 g Ricotta
- 125 g blanchierter Spinat
- 1/4 TL geriebene Muskatnuss
- Salz, Pfeffer
- 8 Scheiben Parmaschinken
- 2 EL Olivenöl, zusätzlich zum Beträufeln

Zum Garnieren:

- Rucola
- Olivenöl
- Zitronenviertel

1 Die Hähnchenbrüste an der dicksten Stelle horizontal ein-, aber nicht durchschneiden.

2 Den Ricotta in einer Schüssel zerbröseln. Den Spinat hacken und mit Muskatnuss unter den Ricotta heben. Mit Salz und Pfeffer würzen.

3 Die Ricottafüllung in die Taschen der Hähnchenbrüste streichen und das Fleisch vollständig in Parmaschinken einwickeln.

4 Das Öl in einer flachen Pfanne erhitzen und die Hähnchenbrüste darin auf beiden Seiten 4 Minuten braten, bis der Schinken beginnt braun zu werden. In den vorgeheizten Ofen schieben und 15 Minuten braten. Mit Zitronenvierteln und Rucola, mit Olivenöl beträufelt, servieren.

FÜR 4 PORTIONEN

VARIANTE

HÄHNCHENBRUST MIT GETROCKNETEN TOMATEN

Zubereitungszeit: 5 Minuten
Kochzeit: 25 Minuten

Die Hähnchenbrüste anstatt mit Ricotta, Spinat und Muskatnuss mit einer dicken Scheibe Mozzarella und einer abgetropften getrockneten Tomate füllen. Das Fleisch kräftig mit schwarzem Pfeffer würzen und wie im Hauptrezept beschrieben fortfahren.

TAJINE MIT HÄHNCHEN UND SÜSSKARTOFFELN

Gelbe Zucchini, Süßkartoffeln und nur ein Gewürz, Zimt, prägen dieses milde, wohltuendes Gericht. Bewahren Sie etwas von der Petersilie und der Minze bis zum Schluss auf, um den Geschmack zu steigern. Die Mandelblättchen sorgen für optischen Kontrast.

Zubereitungszeit: 20 Minuten
Kochzeit: 1 Stunde

- 2 EL Olivenöl
- 1 Hähnchen à 1,5 kg, in 12 Stücke zerteilt
- 2 große Zwiebeln, fein gewürfelt
- 4 Knoblauchzehen, zerdrückt
- 2 Zimtstangen, in 2 Teile gebrochen
- 500 g Süßkartoffeln, in kleine Würfel geschnitten
- 500 g gelbe Zucchini oder Kürbis, in kleine Würfel geschnitten
- 1 kleine Hand voll gehackter Petersilie und Minze
- 300 ml Hühnerbrühe (siehe Seite 8)
- Salz, Pfeffer

ZUM GARNIEREN:

- Mandelblättchen
- Petersilie, Minze

1 Das Öl in einem Schmortopf erhitzen. Die Hähnchenstücke darin gleichmäßig braun braten. Herausnehmen und warm halten. Die Zwiebeln zugeben und dünsten, bis sie weich und leicht gebräunt sind. Knoblauch und Zimt hinzufügen, kurz bevor die Zwiebeln fertig sind.

2 Süßkartoffeln und Zucchini oder Kürbis zugeben, das Hähnchenfleisch zurück in den Topf legen, mit der Hälfte der Petersilie und Minze bestreuen und mit der Brühe aufgießen. Zugedeckt bei schwacher Hitze 45 Minuten kochen, bis Fleisch und Gemüse weich sind.

3 Mit Salz und Pfeffer würzen und restliche Petersilie und Minze zugeben. Mit den Mandelblättchen bestreuen und mit den Zimtstangen garniert servieren.

FÜR 4 PORTIONEN

CANNELLONI MIT HÄHNCHENFÜLLUNG

Zubereitungszeit: 30 Minuten
Kochzeit: 1 Stunde 30 Minuten
Ofentemperatur: 190 °C (Gas Stufe 3, Umluft 170 °C)

- 2 EL Öl
- 1 kleine Zwiebel, gewürfelt
- 175 g Hähnchenbrust ohne Haut und Knochen, gehackt
- 125 g gekochter Schinken, fein gehackt
- 65 g Frischkäse mit Knoblauch und Kräutern, Doppelrahmstufe
- Salz, Pfeffer
- 8 Cannellonirollen ohne Vorkochen
- 3 EL geriebener Parmesan
- glattblättrige Petersilie

Tomatensauce:
- 1 EL Olivenöl
- 1 große Zwiebel, fein gewürfelt
- 2 Knoblauchzehen, zerdrückt
- 1 Dose gewürfelte Tomaten à 400 g
- 2 TL Zucker
- 3 EL Tomatenmark
- 150 ml Wasser oder Hühnerbrühe (siehe Seite 8)
- 1 TL gemischte Kräuter

1 Sauce: Das Öl in einer Pfanne erhitzen und Zwiebel und Knoblauch darin weich, aber nicht braun dünsten. Die restlichen Zutaten zugeben und unter gelegentlichem Umrühren aufkochen. Die Temperatur reduzieren und die Sauce zugedeckt ca. 40 Minuten kochen.

2 Für die Füllung das Öl in einer Pfanne erhitzen und die Zwiebel darin weich, aber nicht braun dünsten. Das Hähnchenfleisch zugeben und einige Minuten mitbraten, bis es gerade gar ist. Vom Herd nehmen. Schinken und Frischkäse unterheben und mit Salz und Pfeffer würzen. In die Cannellonirollen füllen.

3 Cannelloni in eine gefettete Auflaufform setzen, mit der Tomatensauce begießen und mit Parmesan bestreuen. Auf der mittleren Schiene des vorgeheizten Ofens 40 Minuten backen. Mit Petersilie garniert servieren.

FÜR 4 PORTIONEN

VARIANTE

CANNELLONI MIT HÄHNCHEN-ARTISCHOCKEN-FÜLLUNG

Zubereitungszeit: 30 Minuten
Kochzeit: 1 Stunde 30 Minuten
Ofentemperatur: 190 °C (Gas Stufe 3, Umluft 170 °C)

- 2 EL Öl
- 1 kleine Zwiebel, fein gewürfelt
- 175 g Hähnchenbrust ohne Haut und Knochen, gehackt
- 200 g Artischockenherzen in Olivenöl eingelegt, abgetropft und gehackt
- 65 g Frischkäse, Doppelrahmstufe
- 1 Hand voll Basilikumblätter, gehackt
- 8 Cannellonirollen ohne Vorkochen
- 3 EL geriebener Parmesan
- Salz, Pfeffer
- glattblättrige Petersilie zum Garnieren
- Tomatensauce nach Hauptrezept

1 Die Tomatensauce wie im Hauptrezept beschrieben zubereiten.

2 Für die Füllung das Öl in einer Pfanne erhitzen und die Zwiebel darin bei mittlerer Hitze weich, aber nicht braun dünsten. Das Hähnchenfleisch zugeben und einige Minuten mitbraten, bis es gerade gar ist. Vom Herd nehmen. Artischockenherzen, Frischkäse und Basilikum unterheben und mit Salz und Pfeffer würzen. Gut vermischen und in die Cannellonirollen füllen.

3 Weiter wie im Hauptrezept beschrieben verfahren.

FÜR 4 PORTIONEN

FÜR BESONDERE ANLÄSSE

Bereiten Sie mit diesen Rezepten beeindruckende Gerichte zu, mit denen Sie für jede Gelegenheit gewappnet sind. Anspruchsvoll und doch ausgesprochen schnell zubereitet, werden die Resultate für Überraschung und Freude sorgen. Sie können sicher sein, dass jede Einladung ein Erfolg sein wird, ob es sich um ein intimes Dinner handelt oder ein Büfett für eine große Party.

GEBRATENE HÄHNCHENBRUST MIT GETROCKNETEN TOMATEN UND TRAUBEN

Zubereitungszeit: 10 Minuten
Kochzeit: 35 Minuten

- 3 EL Olivenöl
- 4 Hähnchenbrustfilets
- 1 rote Zwiebel, in dünne Ringe geschnitten
- 2 Knoblauchzehen
- 75 g getrocknete Tomaten, in Öl eingelegt, in feine Streifen geschnitten
- 1 EL Mehl
- 300 ml trockener Weißwein
- 150 ml Hühnerbrühe (S. 8)
- 1 TL gehackter Oregano
- Salz, Pfeffer
- 150 g kernlose Trauben
- Oregano zum Garnieren

1 Das Öl in einer Pfanne erhitzen und die Hähnchenbrüste, falls notwendig portionsweise, darin bei mittlerer Hitze in 7 bis 10 Minuten auf beiden Seiten goldbraun braten. Mit einem Schaumlöffel herausheben und auf einem Teller beiseite stellen.

2 Zwiebel und zerdrückten Knoblauch zugeben und bei schwacher Hitze in 5 Minuten glasig dünsten. Die getrockneten Tomaten hinzufügen, mit dem Mehl bestäuben und unter Rühren 1 bis 2 Minuten rösten. Mit Wein und Brühe aufgießen und mit Oregano, Salz und Pfeffer würzen. Unter Rühren aufkochen.

3 Das Hähnchenfleisch zurück in die Pfanne legen und den Fleischsaft, der sich im Teller gebildet hat, dazu gießen. Zugedeckt bei schwacher Hitze 20 Minuten köcheln lassen, bis das Fleisch beim Anstechen mit der Gabel weich ist. Dabei das Fleisch mehrmals wenden und mit der Sauce begießen.

4 Die Trauben unter die Sauce heben und kurz erwärmen. Nochmals abschmecken. Das Fleisch in Scheiben schneiden und heiß mit Oregano garniert servieren.

FÜR 4 PORTIONEN

VARIANTE

HÄHNCHENPARIKASCH

Zubereitungszeit: 30 Minuten
Kochzeit: ca. 50 Minuten

1 3 Esslöffel Olivenöl in einem Schmortopf erhitzen und 4 gehäutete Hähnchenbrüste darin bei mittlerer Hitze in 7 bis 10 Minuten goldbraun braten. Herausnehmen und beiseite stellen.

2 1 1/2 Esslöffel Öl im Topf erhitzen und 1 Zwiebel in Ringen, 1 zerdrückte Knoblauchzehe, 2 Esslöffel Paprikapulver edelsüß und 1 große Prise Zucker zugeben. Bei schwacher Hitze unter häufigem Umrühren 10 bis 15 Minuten dünsten, bis die Zwiebeln weich sind.

3 1 Esslöffel Tomatenmark und 6 gehäutete, entkernte Tomaten in Würfeln einrühren. Mit 200 Milliliter Hühnerbrühe aufgießen und mit Salz und Pfeffer würzen. Unter Rühren aufkochen. Das Hähnchenfleisch mit Fleischsaft zurück in die Pfanne legen, zugedeckt bei schwacher Hitze 40 Minuten köcheln, bis das Fleisch beim Anstechen weich ist. Nochmals abschmecken.

4 Heiß servieren. Butternudeln in Kümmel oder Mohnsamen gewendet sind die traditionelle Beilage.

FÜR 4 PORTIONEN

HÄHNCHENBRUST MIT WALDPILZEN

Zubereitungszeit: 5 Minuten
Kochzeit: 25 Minuten

- 50 g getrocknete Waldpilze oder 250 g frische Waldpilze, blättrig geschnitten
- 50 g Mehl
- Salz, Pfeffer
- 4 Hähnchenbrüste ohne Haut und Knochen
- 50 g Butter
- 1 EL Olivenöl
- 2 Schalotten, gewürfelt
- 2 Knoblauchzehen, gehackt
- 125 ml Weißwein
- 125 g Mascarpone
- 1 Hand voll Schnittlauch, in Röllchen geschnitten
- Schnittlauch zum Garnieren

1 Getrocknete Pilze mit heißem Wasser aufgießen und 15 Minuten einweichen.

2 In der Zwischenzeit das Mehl mit Salz und Pfeffer vermischen und die Hähnchenbrüste darin wenden.

3 Butter und Öl in einer Pfanne erhitzen und das Hähnchenfleisch darin auf jeder Seite in 4 Minuten goldbraun braten. Aus der Pfanne nehmen und warm halten.

4 Schalotten und Knoblauch in die Pfanne geben und bei schwacher Hitze 5 Minuten dünsten. Mit dem Wein ablöschen und den Bratansatz damit lösen.

5 Mascarpaone und Pilze (getrocknete Pilze mit Einweichwasser) in die Pfanne geben und den Mascarpone auflösen. Falls die Sauce zu flüssig ist, etwas einkochen. Bei frischen Pilzen etwas Flüssigkeit zugeben, aber die Pilze sondern beim Kochen auch Flüssigkeit ab.

6 Die Hähnchenbrüste zurück in die Pfanne legen und 10 Minuten sanft kochen, dabei ab und zu wenden. Zum Schluss den Schnittlauch unterheben und sofort mit Schnittlauchstängeln garniert servieren.

FÜR 4 PORTIONEN

GEGRILLTES STUBENKÜKEN MIT SÜSSKARTOFFELN UND ROTEN LINSEN

Zubereitungszeit: 30 Minuten, plus Marinierzeit
Kochzeit: 1 Stunde

- 4 Stubenküken à 500 g, vorbereitet wie auf Seite 7 beschrieben
- 4 EL Sonnenblumenöl
- 50 g Schalotten, gerieben
- 2 Knoblauchzehen, zerdrückt
- 50 g Karotten, geraspelt
- 200 g rote Linsen
- 200 ml Hühnerbrühe (siehe Seite 8)
- 4 TL rote thailändische Currypaste (Seite 58)
- Salz, Pfeffer
- 300 g Süßkartoffeln, gewürfelt
- 1 TL Kreuzkümmelsamen
- 1 kleine Hand voll Koriandergrün, gehackt

MARINADE:

- 4 EL Dijonsenf
- 6 Knoblauchzehen, zerdrückt
- 125 ml Sonnenblumenöl
- einige Zweige Rosmarin

ZUM GARNIEREN:

- 1 Zitrone, geviertelt
- Rosmarinzweige

1 Für die Marinade Senf und Knoblauch in einen Mixer geben und pürieren. Dabei langsam das Sonnenblumenöl zugießen, so dass eine glatte Paste entsteht. Die Paste mit den Rosmarinzweigen in einen Teller geben.

2 Die Stubenküken in der Senfmischung wenden und zugedeckt im Kühlschrank 24 Stunden marinieren.

3 2 Esslöffel Öl in einem Topf erhitzen und Schalotten, Knoblauch, Karotten und Linsen zugeben. Die Hälfte der Brühe angießen und aufkochen. Die Temperatur reduzieren und die Linsen sanft kochen, dabei die restliche Brühe schöpflöffelweise zugeben, bis die Linsen weich sind. Die Currypaste unterheben und mit Salz und Pfeffer würzen. Zugedeckt beiseite stellen.

4 Das restliche Öl in einem weiteren Topf erhitzen und Süßkartoffeln mit den Kreuzkümmelsamen darin 7 bis 10 Minuten braten, bis die Kartoffeln weich, aber nicht braun sind.

5 Die Stubenküken aus der Marinade nehmen und auf jeder Seite 10 Minuten unter einem vorgeheizten Elektrogrill oder auf einem Holzkohlegrill garen. In der Zwischenzeit die Linsen wieder erwärmen und Süßkartoffeln und Koriander unterheben. Die Linsen-Kartoffel-Mischung auf vier vorgewärmte Teller verteilen, die Stubenküken darauf legen und mit Olivenöl beträufeln. Mit Zitronenvierteln und Rosmarinzweigen garnieren.

FÜR 4 PORTIONEN

HÄHNCHENBRUST MIT AUSTERNPILZEN, KNOBLAUCH UND CRÈME FRAÎCHE

Zubereitungszeit: 20 Minuten
Kochzeit: ca. 40 Minuten

- 125 g Frühstücksspeck, in Streifen geschnitten
- 15 g Butter
- 6 große Hähnchenbrüste ohne Haut
- 1 EL Mehl
- 300 ml trockener Weißwein
- 175 g Austernpilze, in Streifen geschnitten
- 1 Knoblauchzehe, zerdrückt
- 75 g Crème fraîche
- 1/2 TL gehackter Rosmarin
- Salz, Pfeffer

Zum Garnieren:

- Austernpilze
- Rosmarinzweige
- etwas Crème fraîche

1 Den Speck in einem Schmortopf unter ständigem Rühren in 5 Minuten auslassen. Die Butter zugeben und die Hähnchenbrüste bei mittlerer Hitze auf beiden Seiten in 5 Minuten goldbraun braten.

2 Mit dem Mehl bestäuben, nach und nach den Wein angießen und unter Rühren aufkochen. Austernpilze, Knoblauch und Crème fraîche zugeben und mit Rosmarin und viel Pfeffer würzen.

3 Gut umrühren und zugedeckt bei schwacher Hitze 25 Minuten schmoren, bis das Fleisch beim Anstechen mit der Gabel weich ist. Dabei das Fleisch häufig wenden und mit der Sauce begießen.

4 Die Sauce mit Salz und Pfeffer abschmecken. Das Fleisch in Scheiben schneiden und jede Portion mit Rosmarin, einem Austernpilz und etwas Crème fraîche garnieren.

FÜR 6 PORTIONEN

VARIANTE

HÄHNCHENBRUST MIT SPARGEL

Zubereitungszeit: 20 Minuten
Kochzeit: ca. 40 Minuten

1 Den ersten drei Schritten des Hauptrezepts folgen, ohne die Austernpilze zu verwenden.

2 In der Zwischenzeit 75 Gramm Spargelspitzen bissfest kochen. Abgießen, unter kaltem Wasser abschrecken und abtropfen lassen.

3 Den Spargel unter die Sauce heben und erwärmen. Die Sauce mit Salz und Pfeffer abschmecken. Das Fleisch in Scheiben schneiden und jede Portion mit Rosmarin, einem Austernpilz und etwas Crème fraîche garnieren.

FÜR 6 PORTIONEN

GESCHMORTE STUBENKÜKEN MIT CALVADOS

Zubereitungszeit: 10 Minuten
Kochzeit: ca. 1 Stunde 15 Minuten

- 4 Stubenküken
- Salz, Pfeffer
- 25 g Butter
- 2 EL Olivenöl
- 4 Streifen Frühstücksspeck, gewürfelt
- 4 Karotten, geviertelt
- 1 große Zwiebel, geviertelt
- 4 EL Calvados
- 2 Äpfel (Boskop, Cox Orange), geschält, entkernt und in Scheiben geschnitten
- 3–4 Zweige Thymian, gehackt
- 300 ml trockener Cidre
- 150 ml Sahne
- frittierte Thymianzweige zum Garnieren

1 Die Stubenküken innen und außen mit Salz und Pfeffer einreiben. Butter und Öl in einem großen Schmortopf erhitzen und die Stubenküken darin in 15 Minuten von allen Seiten goldbraun braten, am Schluss mit der Brust nach oben. Die letzten 5 Minuten Speck, Karotten und Zwiebel mitbraten.

2 Den Calvados in einem Schöpflöffel vorsichtig erwärmen, über die Stubenküken gießen und anzünden. Sobald die Flammen ausgebrannt sind, Äpfel, Thymian und Cidre zugeben. Zugedeckt bei schwacher Hitze 1 Stunde schmoren, dabei gelegentlich die Küken mit der Sauce begießen. Die Stubenküken auf eine vorgewärmte Platte setzen und warm halten.

3 Die Sauce aufkochen und auf die Hälfte einreduzieren. Die Sahne einrühren und langsam erwärmen. Über die Stubenküken gießen.

4 Mit Thymianzweigen garnieren und eventuell mit Baguette servieren.

FÜR 4 PORTIONEN

HONIGGLACIERTE STUBENKÜKEN

Zubereitungszeit: 10 Minuten, plus Marinierzeit
Kochzeit: 45 Minuten
Ofentemperatur: 200 °C (Gas Stufe 3–4, Umluft 180 °C)

- 1 EL Honig
- 2 Knoblauchzehen, zerdrückt
- 3–4 EL Weinessig
- 1 EL gehackter Majoran
- 4 Stubenküken
- Majoran zum Garnieren

ZUM SERVIEREN:

- kristallisierter Honig
- Salatherzen
- frische Pfirsiche, in Scheiben geschnitten

1 Honig mit Knoblauch und Essig in einem großen Teller verrühren. In jedes Stubenküken etwas Majoran geben und in der Marinade wenden. Zugedeckt im Kühlschrank 2 Stunden marinieren, dabei ab und zu umdrehen.

2 Die Küken aus der Marinade nehmen, in eine Bratreine setzen und im vorgeheizten Ofen 30 Minuten braten. Mit Aluminiumfolie abdecken und weitere 15 Minuten garen.

3 Mit einem Majoranstängel garnieren und mit einem Salat aus Salatherzen und Pfirsichscheiben und etwas kristallisiertem Honig servieren.

FÜR 4 PORTIONEN

VARIANTE

STUBENKÜKEN MIT ZITRONE

Zubereitungszeit: 30 Minuten
Kochzeit: ca. 40 Minuten
Ofentemperatur: 200 °C (Gas Stufe 3–4, Umluft 180 °C)

Für eine alternative Marinade Saft und geriebene Schale von 2 Zitronen, 1 Esslöffel Honig und 2 zerdrückten Knoblauchzehen verrühren. Die Stubenküken jeweils mit 2 Thymianzweigen füllen. Marinieren, braten und servieren, wie im Hauptrezept beschrieben.

FÜR 4 PORTIONEN

HÄHNCHENBRUST MIT BROKKOLI UND KORIANDER

Zubereitungszeit: 10 Minuten
Kochzeit: ca. 1 Stunde
Ofentemperatur: 200 °C (Gas Stufe 3–4, Umluft 180 °C)

- 4 Hähnchenbrüste ohne Haut und Knochen
- 600 ml Hühnerbrühe (siehe Seite 8)
- 750 g Brokkoli
- Koriandergrün zum Garnieren

SAUCE:

- 50 g Butter
- 1 große Zwiebel, fein gewürfelt
- 3 Knoblauchzehen
- 2–3 EL milde Currypaste (siehe Seite 56)
- 750 ml Crème fraîche
- 1 1/2 EL Zitronensaft
- 3 EL fein gehacktes Koriandergrün
- Salz, Pfeffer

GRATINKRUSTE:

- 50 g Butter
- 125 g Semmelbrösel
- 50 g reifer Cheddarkäse, gerieben

1 Das Hähnchenfleisch in 8x2 cm große Streifen schneiden. Die Brühe in einem Topf erhitzen und die Fleischstreifen darin 4 bis 6 Minuten pochieren, bis sie gerade durch sind. Das Hähnchenfleisch mit einem Schaumlöffel aus der Brühe heben und beiseite stellen.

2 Brokkoli in Röschen zerteilen und den Stiel schälen. Die Röschen 2 Minuten in kochendem Wasser blanchieren und abgießen. Unter fließend kaltem Wasser abschrecken und auf Küchenpapier abtropfen lassen.

3 Für die Kruste die Butter in einer großen Pfanne zerlassen und die Semmelbrösel darin goldbraun rösten.

4 Für die Sauce die Butter in einem Topf zerlassen, Zwiebel und Knoblauch darin glasig dünsten. Die Currypaste einrühren und 2 Minuten mitbraten, damit sich das Aroma entfalten kann. Crème fraîche, Zitronensaft und Koriandergrün hinzufügen und mit Salz und Pfeffer würzen. Gut durchrühren und aufkochen.

5 Hähnchenstreifen und Brokkoli in einer feuerfesten Auflaufform verteilen. Die heiße Sauce darüber gießen. Erst mit Käse, dann mit den Semmelbröseln bestreuen. Im vorgeheizten Ofen 30 bis 40 Minuten überbacken, bis der Auflauf goldbraun ist. Falls notwendig kurz unter einen Grill stellen, damit die Kruste knusprig wird.

FÜR 6 PORTIONEN

VARIANTE

BROKKOLI-HÄHNCHEN-GRATIN

Zubereitungszeit: 10 Minuten
Kochzeit: ca. 1 Stunde
Ofentemperatur: 200 °C (Gas Stufe 3–4, Umluft 180 °C)

1 Den ersten drei Schritten des Hauptrezepts folgen.

2 Für die Sauce die Butter in einem großen Topf zerlassen und Zwiebel und Knoblauch darin glasig dünsten. Crème fraîche, Zitronensaft und 100 Gramm Cheddarkäse hinzufügen und mit Salz und Pfeffer würzen. Auf Currypaste und Koriandergrün verzichten. Die Sauce gut durchrühren und aufkochen.

3 Gratin fertigstellen, wie in Punkt 5 beschrieben.

FÜR 6 PORTIONEN

HÄHNCHEN MIT FENCHEL

Zubereitungszeit: 10 Minuten
Kochzeit: ca. 1 Stunde 30 Minuten
Ofentemperatur: 200 °C (Gas Stufe 3–4, Umluft 180 °C)

- 1 Hähnchen à 1,75 kg
- Salz, Pfeffer
- 175 g gekochter Schinken, in Streifen geschnitten
- 2 EL gehackte Fechelstängel und -blätter
- 2 Knoblauchzehen, zerdrückt
- 40 g Butter, schaumig geschlagen
- Zitronensaft
- Fenchelblätter

1 Das Hähnchen innen und außen mit Salz und Pfeffer einreiben. Schinken, gehackten Fenchel und Knoblauch vermischen und das Hähnchen damit füllen. Das Hähnchen in einen Schmortopf setzen und mit der Butter bestreichen.

2 Das Hähnchen zugedeckt 1 Stunde im vorgeheizten Ofen schmoren. Den Deckel entfernen und weitere 20 Minuten braten, bis das Fleisch gar ist. Dabei häufig mit dem Bratensaft bestreichen. Aus dem Topf auf eine vorgewärmte Platte heben und warm halten.

3 Den Bratensaft mit Salz, Pfeffer und Zitronensaft würzen und nochmals erhitzen. Das Hähnchen mit Fenchelblättern garniert servieren. Dazu den Bratensaft und toskanischen Fenchel reichen.

FÜR 4 PORTIONEN

TOSKANISCHER FENCHEL

Die Italiener lieben Fenchel und haben unzählige Zubereitungsarten, um ihn zu Fleisch, Geflügel und Fisch zu servieren. Dieses Rezept ist in der Toskana sehr beliebt und schmeckt ausgezeichnet zu Hähnchen.

- 625 g Fenchelknollen, geputzt und quer in 2 cm dicke Scheiben geschnitten
- Salz
- 1 dicke Scheibe Zitrone
- 1 EL Öl
- 25 g Butter
- Pfeffer
- 25 g geriebener Parmesan

Zubereitungszeit: 5 Minuten
Kochzeit: 25–30 Minuten

1 Den Fenchel mit einer Prise Salz, Zitronenscheibe und Öl in einen Topf geben und mit kochendem Wasser aufgießen, so dass das Gemüse gänzlich bedeckt ist. 20 Minuten kochen und gut abtropfen lassen.

2 Die Butter in einer Auflaufform zerlassen, den Fenchel zugeben und in der Butter wenden. Mit Pfeffer würzen und mit Parmesan bestreuen. Unter einen vorgeheizten Grill stellen, bis der Käse zu bräunen beginnt. Sofort servieren.

FÜR 4 PORTIONEN

Exotische Zutaten

Um Hähnchengerichten einen ungewöhnlichen Geschmack zu geben, richten Sie Ihr Augenmerk auf exotische Zutaten aus aller Welt. Es gibt sie mittlerweile in großer Auswahl in Supermärkten und Spezialgeschäften. Sie sorgen für den kleinen, aber feinen Unterschied.

Pesto ist eine Mischung aus Basilikum, gerösteten Pinienkernen, Knoblauch, Parmesan, Zitronensaft und -schale. Es wird als Dressing für Salate oder in Nudelgerichten verwendet.

Kokosmilch wird in der indischen und den fernöstlichen Küchen eingesetzt und gibt Currys, Saucen und Reisgerichten einen unverwechselbar sanften Geschmack. In Dosen oder als getrocknetes Mark erhältlich.

Zitronengras: Die Enden sollten entfernt und die Stängel in feine Ringe geschnitten werden. Als Ersatz dient Zitronensaft oder -schale.

Getrockneter Galgant ist eine Wurzel ähnlich dem Ingwer, aber sanfter im Geschmack. Es gibt ihn getrocknet und frisch in asiatischen Läden.

Chilisauce wird zu chinesischen und thailändischen Gerichten gereicht. Man kann sie als Dip oder Marinade verwenden.

Safranfäden werden für Hühnersuppen, Saucen und Reisgerichte verwendet. Sie sollten in heißem Wasser eingeweicht werden. Sie geben Gerichten eine lebhafte gelbe Farbe und einen unverwechselbaren Geschmack.

Thailändische Fischsauce (nam pla) wird aus fermen-

tiertem Fisch hergestellt und ergänzt Hähnchengerichte ausgezeichnet.
Grüne Currypaste ist eine Mischung aus grünen Chilischoten, Koriandergrün, Koriandersamen und Knoblauch.
Rote Currypaste wird mit getrockneten roten Chilischoten, Kurkuma und

Sake bringt man automatisch mit Japan in Verbindung. Das alkoholische Getränk wird durch das Fermentieren von gekochtem Reis gewonnen. Er gibt vielen Suppen und Saucen einen vollen Geschmack. Er kann durch trockenen Sherry ersetzt werden.
Hoisinsauce ist eine chi-

oft zum Marinieren von Hähnchen verwendet wird. Sie kann auch als Dip serviert werden. Sie besteht hauptsächlich aus Sojabohnen.
Harissa ist eine Chilipaste, die aus der nordafrikanischen Küche kommt. Sie besteht aus einer Mischung von Chilischoten, geröste-

dersamen und Kümmel. Sie kann als Zutat oder als Würzbeigabe verwendet werden. Sie gibt einen reichhaltigen, kräftigen Geschmack.
Palmzucker ist nicht raffinierter Zucker aus Zuckerrohr. Er wird in der Regel zum Süßen von Currys und indischen Saucen einge-

FAMILIEN-REZEPTE

Wenn Sie einmal etwas mehr Zeit zur Verfügung haben und noch weitere hungrige Mäuler stopfen müssen, finden Sie hier einige appetitanregende Rezepte, die Sie reichlich für den Mehraufwand belohnen werden. Die gesunden Zutaten und die längeren Garzeiten intensivieren den Geschmack und garantieren somit köstliche Gerichte, die alle Mitglieder Ihrer Familie zufrieden stellen werden.

GEBRATENES HÄHNCHEN MIT NEUEN KARTOFFELN UND PAPRIKA

Zubereitungszeit: 25 Minuten
Kochzeit: 1 Stunde 15 Minuten

- 2 EL Pflanzenöl
- 200 g Bauchspeck, in Streifen geschnitten
- 1 Hähnchen à 1,5 kg, in 8 Stücke zerteilt
- Salz, Pfeffer
- 1 große Zwiebel, gewürfelt
- 1 grüne Paprika, entstielt, entkernt und gewürfelt
- 1 Knoblauchzehe, gehackt
- 4 EL Mehl
- 2 EL Paprikapulver edelsüß
- 600 ml Hühnerbrühe (siehe Seite 8)
- 125 ml trockener Weißwein
- 12 neue Kartoffeln, halbiert
- 300 ml Sauerrahm
- glattblättrige Petersilie

1 Das Öl in einem Schmortopf erhitzen und den Bauchspeck darin bei mittlerer Hitze unter Rühren 5 Minuten braten. Den Speck herausheben und beiseite stellen. Öl und Fett bis auf 3 Esslöffel abgießen.

2 Das Hähnchenfleisch mit Salz und Pfeffer würzen. Mit der Hautseite nach unten in den Schmortopf legen und bei mittlerer Hitze anbraten. 10 bis 15 Minuten beidseitig bräunen. Herausheben und beiseite stellen.

3 Die Zwiebeln in den Topf geben und bei schwacher Hitze 5 Minuten andünsten. Paprika und Knoblauch zugeben und 1 Minute mitbraten. 2 Esslöffel Mehl und das Paprikapulver unterheben und unter ständigem Rühren 2 Minuten braten. Mit einem Schneebesen nach und nach Brühe und Wein unterschlagen. Die Sauce aufkochen, bis sie sämig und dickflüssig ist.

4 Die Hähnchenstücke und den Speck zugeben. Die Kartoffeln um das Fleisch herumlegen und zugedeckt bei mittlerer Hitze 30 Minuten garen. Die Bruststücke aus dem Topf nehmen und warm halten. Das dunkle Fleisch der Keulen weitere 10 Minuten kochen.

5 Restliches Fleisch und Kartoffeln aus der Sauce nehmen. Hähnchenstücke auf den Kartoffeln anrichten.

6 Für die Sauce restliches Mehl mit dem Sauerrahm in einer kleinen Schüssel anrühren. Mit einem Schneebesen unter die Sauce heben. 2 Minuten bei schwacher Hitze köcheln lassen. Mit Petersilie garnieren.

FÜR 4 PORTIONEN

HÄHNCHENPIE MIT CHAMPIGNONS

Zubereitungszeit: 25 Minuten
Kochzeit: 1 Stunde 45 Minuten
Ofentemperatur: 190 °C (Gas Stufe 3, Umluft 170 °C)

- 1 Hähnchen à 1,5 kg mit Innereien
- 1 Kräuterbündchen
- 1 kleine Zwiebel, geviertelt
- 6–8 schwarze Pfefferkörner
- Salz
- 25 g Butter
- 2 Stangen Lauch, in dünne Ringe geschnitten
- 125 g Champignons, blättrig geschnitten
- 1 TL Mehl
- 125 g Frischkäse, Doppelrahmstufe
- 2 EL gehackte Petersilie
- Petersilie zum Garnieren

PIEKRUSTE:

- 500 g Kartoffeln
- 250 g Karotten, in Scheiben geschnitten
- 25 g Butter
- 1 Ei
- 1 Prise geriebene Muskatnuss
- Salz, Pfeffer

1 Das Hähnchen mit Innereien, Kräuterbündchen, Zwiebel, Pfefferkörnern und Salz in einen großen Topf geben. Mit Wasser aufgießen, aufkochen und den Schaum abschöpfen. Zugedeckt bei schwacher Hitze ca. 1 Stunde kochen.

2 Hähnchen herausheben, Haut entfernen und Fleisch von den Knochen lösen. Die Leber in Scheiben schneiden. Fleisch in eine Auflaufform legen und beiseite stellen, Brühe für anderweitige Verwendung aufheben.

3 Die Butter in einer Pfanne zerlassen und Lauch und Champignons darin bei mittlerer Hitze 3 Minuten andünsten. Mit dem Mehl bestäuben, Frischkäse und Petersilie unterheben und 3 Minuten kochen. Auf dem Hühnerfleisch verteilen.

4 Für die Kruste Kartoffeln und Karotten in kochendem Salzwasser in 15 bis 20 Minuten weich kochen. Abgießen, pürieren und Butter und Ei unterheben. Mit Muskatnuss, Salz und Pfeffer würzen. Die Kartoffelkruste gleichmäßig auf Gemüse und Hähnchenfleisch verteilen und mit einer Gabel kleine Spitzen formen. Im vorgeheizten Ofen 20 bis 25 Minuten überbacken, bis die Kruste knusprig braun ist. Mit Petersilie garnieren und heiß servieren.

FÜR 6 PORTIONEN

BRATHÄHNCHEN

Zubereitungszeit: 10 Minuten
Kochzeit: 1 Stunde 10 Minuten
Ofentemperatur: 180 °C (Gas Stufe 2–3, Umluft 160 °C)

- 1 EL Schmalz oder Öl
- 1 Zwiebel, in Ringe geschnitten
- 2 Karotten, in Scheiben geschnitten
- 1 Zucchini, in Scheiben geschnitten
- Salz, Pfeffer
- 1 TL gehackte Thymianblätter
- 1 Hähnchen à 1,25 kg
- 150 ml Cidre oder Hühnerbrühe (siehe Seite 8)

ZUM GARNIEREN:

- Thymianzweige
- Zitronenviertel

1 Schmalz oder Öl in einem Schmortopf erhitzen und Zwiebel und Karotten darin braten, bis sie weich sind. Zucchini darauf legen, salzen, pfeffern und mit dem Thymian bestreuen. Hähnchen salzen, pfeffern, auf das Gemüse setzen, mit Cidre oder Brühe begießen.

2 Das Hähnchen zugedeckt im vorgeheizten Ofen 30 Minuten braten. Mit Bratensaft übergießen und weitere 15 Minuten garen. Deckel abnehmen und noch 15 Minuten braten, bis das Hähnchen gar und goldbraun ist.

3 Auf einer vorgewärmten Platte mit dem Gemüse servieren, mit Thymianzweigen und Zitronenvierteln garnieren und den Bratensaft als Sauce reichen.

FÜR 3 PORTIONEN

VARIANTE

ZIMTHÄHNCHEN

Zubereitungszeit: 10 Minuten
Kochzeit: 1 Stunde 10 Minuten

- 1 EL Schmalz oder Öl
- 1 Zwiebel, in Ringe geschnitten
- 1 Butternusskürbis, geschält und gewürfelt
- 2 TL Zimtpulver
- Salz, Pfeffer
- 1 Hähnchen à 1,25 kg
- 150 ml Cidre oder Hühnerbrühe (siehe Seite 8)
- 2 EL Zitronensaft
- Zitronenviertel

1 Schmalz oder Öl in einem Schmortopf erhitzen und Zwiebel und Kürbis darin braten, bis sie weich, aber nicht braun sind. Das Zimtpulver zugeben und mit Salz und Pfeffer würzen. Das Hähnchen mit Salz und Pfeffer einreiben, auf das Gemüse setzen, mit Cidre oder Brühe und Zitronensaft übergießen.

2 Fortfahren wie im Hauptrezept, Punkt 2 und 3, beschrieben.

FÜR 3 PORTIONEN

GEFÜLLTES BRATHÄHNCHEN

Zubereitungszeit: 15–20 Minuten
Kochzeit: 1 Stunde 45 Minuten
Ofentemperatur: 190 °C (Gas Stufe 3, Umluft 170 °C)

- 1 Hähnchen à 2 kg
- Salz, Pfeffer
- glattblättrige Petersilie zum Garnieren

FÜLLUNG:

- 40 g Butter
- 1 kleine Zwiebel
- 1 Stange Staudensellerie
- 75 g Semmelbrösel
- 25 g Rosinen
- 1 EL gehackte Petersilie
- geriebene Schale von 1 Zitrone
- 1 EL Zitronensaft

1 Für die Füllung 15 Gramm Butter in einer kleinen Pfanne zerlassen und gehackte Zwiebel und klein geschnittenen Sellerie darin bei schwacher Hitze 4 bis 5 Minuten braten, bis sie weich, aber nicht braun sind.

2 Das Gemüse in einer Schüssel mit den Semmelbröseln, Rosinen und der Hälfte von Petersilie und Zitronenschale vermischen. Mit der Hälfte des Zitronensafts binden und das Hähnchen damit füllen. Die Hähnchenkeulen mit Fleischgarn hochbinden. Das Hähnchen auf das Gitter der Fettpfanne des Backofens setzen.

3 Die restliche Butter bei schwacher Hitze zerlassen und verbliebene Petersilie, Zitronenschale und -saft einrühren. Leicht mit Salz und Pfeffer würzen und das Hähnchen damit bestreichen.

4 Das Hähnchen im vorgeheizten Ofen ca. 1 Stunde und 30 Minuten braten, bis der Fleischsaft klar austritt. Dabei mehrmals mit der Zitronen-Petersilie-Mischung bestreichen.

5 Sobald das Hähnchen fertig ist, das Fleischgarn entfernen und das Hähnchen auf eine vorgewärmte Platte setzen. Eventuell mit gebratenem Wurzelgemüse servieren. Mit glattblättriger Petersilie garnieren.

FÜR 4 PORTIONEN

HÄHNCHEN IN ERDNUSSSAUCE

Zubereitungszeit: 5 Minuten
Kochzeit: 1 Stunde 15 Minuten
Ofentemperatur: 180 °C (Gas Stufe 2–3, Umluft 160 °C)

- 5 EL Öl
- 1 Zwiebel, gewürfelt
- 2 EL Mehl
- Salz, Pfeffer
- 4 Hähnchenkeulen
- 150 ml Hühnerbrühe (S. 8)
- 150 ml Milch
- 1 EL Erdnussbutter
- 1 EL gehackte Petersilie
- 2 EL Sahne
- Petersilie zum Garnieren

1 Das Öl in einer Pfanne erhitzen und die Zwiebel darin in einigen Minuten glasig dünsten. In einen Schmortopf umfüllen. Das Mehl mit Salz und Pfeffer vermischen, die Hähnchenkeulen darin wenden und in der Pfanne goldbraun braten. In den Topf legen.

2 Die Brühe in die Pfanne gießen und den Bratansatz loskochen. Milch, Erdnussbutter und Petersilie einrühren und unter Rühren aufkochen. Über das Fleisch gießen.

3 Das Hähnchenfleisch zugedeckt im vorgeheizten Ofen 1 Stunde braten. Nochmals mit Salz und Pfeffer abschmecken. Die Sahne einrühren und die Hähnchenkeulen in der Sauce wenden. Heiß mit Petersilie garniert servieren.

FÜR 4 PORTIONEN

VARIANTE

HÄHNCHEN IN TOMATENSAUCE

Zubereitungszeit: 5 Minuten
Kochzeit: 1 Stunde 15 Minuten
Ofentemperatur: 180 °C (Gas Stufe 2–3, Umluft 160 °C)

- 5 EL Öl
- 2 EL Mehl
- Salz, Pfeffer
- 4 Hähnchenkeulen
- 1 Zwiebel, gewürfelt
- 1 Dose gewürfelte Tomaten à 400 g
- 1 TL Zucker
- 2 Lorbeerblätter
- 2 EL Sahne
- Petersilie zum Garnieren

1 Das Öl in einer Pfanne erhitzen. Das Mehl mit Salz und Pfeffer vermischen, die Hähnchenkeulen darin wenden und in der Pfanne goldbraun braten. In einen Schmortopf legen.

2 Die Zwiebeln in die Pfanne geben und bei schwacher Hitze glasig dünsten. Die Temperatur erhöhen und Tomaten, Zucker und Lorbeerblätter zugeben. Über die Hähnchenkeulen gießen und weiter wie im Hauptrezept beschrieben verfahren.

FÜR 4 PORTIONEN

HÄHNCHENBRUST MIT GEMÜSE, NUDELN UND CASHEWKERNEN

Zubereitungszeit: 10 Minuten
Kochzeit: 10–15 Minuten

- 50 ml Sonnenblumenöl
- 1 EL helles Sesamöl
- 750 g Hähnchenbrust ohne Haut und Knochen, in dünne Streifen geschnitten
- 1 große Karotte, in Julienne geschnitten
- 2 große Paprika, entstielt, entkernt und in Streifen geschnitten
- 175 g Zuckererbsen
- 175 g Babymaiskolben
- 375 g Eiernudeln, gekocht und abgetropft
- 75 g geröstete Cashewkerne
- 2 Frühlingszwiebeln, in dünne Ringe geschnitten
- Koriandergrün

SAUCE:

- 1 1/2 EL Maisstärke
- 3 Knoblauchzehen, gehackt
- 2 TL fein geriebener frischer Ingwer
- 3 EL brauner Zucker
- 6 EL dunkle Sojasauce
- 1 TL Tabasco
- 450 ml Hühnerbrühe (siehe Seite 8)

1 Die Zutaten für die Sauce vermischen. Hühnerbrühe langsam einrühren, damit eine glatte Masse entsteht.

2 Sonnenblumen- und Sesamöl vermischen und die Hälfte davon in einem Wok oder einer großen Pfanne erhitzen. Die Hähnchenstreifen darin unter Rühren 3 Minuten braten, bis sie durch sind. Aus der Pfanne nehmen. Das restliche Öl zugeben, die Karotten 1 Minute darin anbraten, Paprika, Zuckererbsen und Babymaiskolben zugeben und bei starker Hitze unter ständigem Rühren braten.

3 Die Sauce nochmals gut durchrühren und über das Gemüse gießen. Aufkochen und unter ständigem Rühren 3 bis 4 Minuten garen. Nudeln und Hähnchenfleisch zugeben und weitere 3 Minuten kochen, damit sie heiß werden.

4 Großzügige Portionen in der Mitte von vier vorgewärmten Tellern anrichten, mit Cashewkernen und Frühlingszwiebeln bestreuen und mit etwas Sauce beträufeln. Mit Koriandergrün garnieren und sofort servieren.

FÜR 4 PORTIONEN

HÄHNCHENSTREIFEN MIT GRÜNER PAPRIKA

Zubereitungszeit: 10–15 Minuten
Kochzeit: 10 Minuten

- 2 Hähnchenbrüste ohne Haut und Knochen, in dünne Streifen geschnitten
- 1 1/2 TL Salz
- 1 Eiweiß, leicht verschlagen
- 3 EL Maisstärke
- 4 EL Öl
- 1 Frühlingszwiebel, fein gehackt
- 2 Scheiben frischer Ingwer, geschält und gehackt
- 250 g grüne Paprika, entstielt, entkernt und in feine Streifen geschnitten
- 2 EL Reiswein oder trockener Sherry

Zum Garnieren:

- 1 TL Sesamsamen
- Frühlingszwiebelstreifen
- Limettenviertel
- Ringe von einer roten Chilischote

1 Das Hähnchenfleisch mit dem Salz einreiben, durch das Eiweiß ziehen und in 2 Esslöffeln Maisstärke wenden.

2 Die restliche Maisstärke in etwas Wasser auflösen.

3 Einen Wok erhitzen. Das Öl zugeben und die Hähnchenstreifen darin bei mittlerer Hitze unter Rühren braten, bis sie weiß werden. Mit einem Schaumlöffel herausheben und beiseite stellen.

4 Die Temperatur erhöhen und Frühlingszwiebel und Ingwer zugeben, um das Öl zu aromatisieren. Die grüne Paprika hinzufügen und unter ständigem Rühren 30 Sekunden braten. Die Hähnchenbruststreifen mit restlichem Salz und Reiswein oder Sherry wieder in den Wok geben. 1 Minute braten und die aufgelöste Maisstärke einrühren. Gut umrühren. Sofort mit Sesamsamen, Frühlingszwiebelstreifen, Limettenviertel und Chilischote garniert servieren.

FÜR 4 PORTIONEN

SESAMHÄHNCHEN

Zubereitungszeit: 10 Minuten
Kochzeit: 20–25 Minuten

- 2 Eiweiße
- 2 EL Maisstärke
- 2 EL Sesamsamen
- 1/4 TL Salz
- 4 Hähnchenbrüste ohne Haut und Knochen, in dünne Streifen geschnitten
- Öl zum Frittieren
- 2 TL Sesamöl
- Koriandergrün

SAUCE:

- 2 EL Sojasauce
- 2 EL Reiswein oder trockener Sherry
- 1 EL Weinessig
- 2 TL brauner Zucker
- 1/2 TL Chilipulver (oder nach Geschmack)

1 Für die Sauce alle Zutaten in einer Schüssel verrühren und beiseite stellen.

2 Das Eiweiß in einem tiefen Teller leicht mit Maisstärke, Sesamsamen und Salz verschlagen. Die Hähnchenbruststreifen darin wenden und beiseite stellen.

3 Das Öl in einem Wok sehr heiß, aber nicht rauchend erhitzen. Die Fleischstreifen einzeln mit einer Gabel aus der Eiweißmischung heben und in das heiße Öl geben. Die Fleischstreifen in mehreren Portionen 3 bis 4 Minuten frittieren, bis sie goldbraun sind. Mit einem Schaumlöffel herausheben und auf Küchenpapier abtropfen lassen. Im Ofen warm halten.

4 Das Öl aus dem Wok gießen und mit Küchenpapier sauber reiben. Den Wok bei mittlerer Hitze wieder erwärmen, die Sauce hineinschütten und umrühren, bis sie heiß ist. Das Hähnchenfleisch zugeben und 1 bis 2 Minuten in der Sauce wenden. Mit Sesamöl beträufeln und sofort mit angebratenem Gemüse servieren. Mit Koriandergrün garnieren.

FÜR 3 BIS 4 PORTIONEN